N&K

Margrit Schriber
AugenWeiden
Roman

Nagel & Kimche

Die Autorin dankt der Schweizer Kulturstiftung
Pro Helvetia
für die Unterstützung ihrer Arbeit.

Umschlag von Urs Stuber
unter Verwendung eines Bildes von David Hockney

ISBN 3-312-00156-0

I

Ich gehe.

Sie spricht den Satz aus. Zwei Worte, schief vor der Tür, den Taschenriemen über der Schulter.

Sie ist siebzehn. Und sie verläßt. Und Erklärungen braucht es nicht.

Die Sonne wandert nach ihrem Gesetz über die verschlossenen Fensterläden. Die Schatten der Bäume im Park berühren die glühenden Ziegel dieses Hauses, drehen sich über den Hang und strecken sich zu den Häusern der Nachbarn hinab.

Sie bemerkt im Dämmerlicht das Aufglänzen eines kantigen Gegenstands. Begreift: Der Mann, den sie verläßt, hebt einen Stein auf.

Beim Kauf des Jadebrockens habe ich keinen Augenblick an seine Verwendung als Waffe gedacht. War begeistert von der Zeichnung des Steins, diesen Strömen von Grün, die ihren milchigen Ton fortwährend verändern, sich teilen, zusammenfließen und in Knickungen und Wirbeln den Brocken durchziehen.

Nicht nur die Sonne, auch ein Stein hat sein Gesetz. Ist gezeichnet von Äderungen und Farbverläufen, wie es sie in dieser Zusammenstellung niemals wieder gibt.

Ich war begeistert von dem Stein. Beschloß, sein Geheimnis zu entdecken und ihn nach meiner Idee schleifen zu lassen. Seither steht der Jadebrocken auf meinem Tisch, und ich versenke mich in seine Zeichenschrift.

Einmal meine ich, einen Greifvogel mit Beute zwischen den Klauen zu erkennen, das andere Mal entdecke ich eine Ballerina im Spitzentanz. Dann verwerfe ich die Idee. Der Brocken ist unfaßbar. Er verbirgt ein Universum, das seinen eigenen Regeln gehorcht. Stundenlang starre ich auf den Stein. Weiß, es ist falsch, sich im voraus entmutigen zu lassen. Es ist falsch, das Schwierige nicht in Angriff zu nehmen. Falsch, seine Tage nicht für einen Versuch zu nutzen.

Ich kann mich auf Erfahrungen stützen, auf ein paar Einsichten, ein paar Regeln, ein paar Sicherheiten, verankere meine Brücke auf festem Grund und baue sie in die Luft hinein.

Der eisgrüne Wirbel verdichtet sich zu einer Figurengruppe. Zu Menschen, die ich kenne, Nachbarn vielleicht. Der dicken Amanda Eberhard mit ihrer Strickarbeit, Theo, ihrem hageren, Notizen kritzelnden Mann, Erika Gwerder in ihrem Blumenkleid, ihrem glatzköpfigen Armin mit einer Zeitschrift unter dem Arm. Sie sitzen in einem Palmengarten. Sie verbringen jeden Nachmittag in Kupferschmids exotischem Garten. Sommer für Sommer sitzen sie da und warten, daß in ihrem Blickfeld etwas geschieht.

Der Schleifer verankert Gartensessel aus weißem Achat im Jadegrund, setzt einen Kristallbrunnen dazu, verstreut Blumen aus Rhodonit, klebt winzige Trinkgläser aus orangerotem Karneol auf den Tisch und läßt einen Lapislazuli-Pfau seine schillernde Labradoritpracht spreizen. Einen Sommer erinnernd. Einen Nachmittag im Palmengarten.

Diese Figurengruppe steht dann in der Auslage zwischen Eheringen, Ketten, Armbanduhren, Banknotenhaltern und Täuflingsbestekken. Eine perfekte künstliche Welt. Zum Kaufen. Zum Sammeln. Zum Einreihen in die Ausstellung der perfekten Welten aus Stein.

Und einer wie ich nimmt sie aus der Vitrine. Im Dämmerlicht beginnen die Palmwedel zu fächeln, und sofort schlingt die Dicke die Wolle um die Nadel, der Hagere malt Striche auf den Schreibblock, der Glatzköpfige schlägt seine Zeitschrift auf Seite drei mit dem halbnackten Mädchen auf, und die Geblümte greift nach dem Glas auf dem Tisch, deutet in die Luft auf ein Taxi, das aus dem Tor des Parks die steile Straße zum Palmengarten herabfährt.

Es kommt jemand.

Die Kleine kommt! Tina hat den Steinsammler verlassen. Erdaoben ist wieder allein.

Steinsammler nennen ihn die Nachbarn. Erdaoben!

Sein Haus steht auf der Krete in einem Park. Ihr Haus liegt am Hang. Der Schatten seiner Bäume fällt am Spätnachmittag auf ihren Garten.

Wenn die zwei Ehepaare ihre Kaninchen gefüttert, die Beete geharkt und die Beeren gepflückt haben, schlendern sie zum höhergelegenen Chalet von Anatol Kupferschmid und setzen sich in den Garten am Hang. Einen für dieses Klima, diese Gegend unwirklichen Garten mit exotischen Pflanzen und seltenen Tieren, in dem Palmwedel die vier in ein Schattengitter weben.

Dunst hüllt die Landschaft ein. Eine fließende Helle. Ein Weg führt zu den vier abgelegenen Häusern und in einer Kehre zum Park hinauf. Am Werktag wandert niemand auf dem Weg.

Wer will schon ans Ende von Nirgendwo? hat Tina gefragt.

Deine Verehrer kommen, hat der Sammler dann der Siebzehnjährigen geantwortet. Armin

Gwerder kommt, Leo Blum. Sie streichen nachts durch meinen Park.

Leo Blum ist tot. Sie lachte.

Kupferschmid kommt. Er zieht mit der Moto Guzzi seine Feierabendschlaufe vor dem Tor. Das beunruhigt Gwerder. Das bringt ihn so aus dem Gleichgewicht, daß er die Halbnackte in seiner Zeitschrift zu bewundern vergißt.

Was will Kupferschmid dort oben? fragt er seine Frau.

Sie antwortet immer dasselbe. Was kann einer da wollen! Durch die Fenster spähen! Zusehen, wie der Steinsammler seine blutjunge Geliebte entkleidet. Im Marmorbad mit dem Schwamm wäscht und sie zum Bett trägt. Wie er ihren Körper salbend, vor ihr auf den Knien liegt. Zeuge sein, wie einer sich zum Narren macht.

Das Sausen der Autos in der Ebene bricht sich am Blätterwerk des Parks, vermischt sich mit dem Summen der Insekten, dem Wassergeriesel, dem Seufzen der Bäume, den knallend aufplatzenden Samenkapseln, dem Aufschauern einer Rispe unter dem Sturz einer Tropfenkette. Das leise Sausen am Tag und in der Nacht gehört zu diesem Park. Wie das dumpfe und staubige Licht, der Modergeruch, die Grünabstufungen der Gräser, Farne und Moose, der Regenbogen in der Wasserkaskade und die Marmorfigur am Teich.

Manchmal zerreißt der gellende Schrei des Pfaus den Nachmittag.

Die vier in den Gartensesseln warten auf die Rückkehr des Besitzers, einer neben dem andern, den Kopf leicht vorgeneigt, zu der Aussichtsseite hin, das einzig Fesselnde in ihrem Blick: die Autobahn mit Sommerreiseverkehr. Die Fahrzeuge rinnen schimmernd eine Weile im Strom, verschwinden eins um's andere im Hügeleinschnitt für immer aus dem Bild.

Seit Leo Blums Tauben nicht mehr mit balinesischen Holztrömmelchen am Hals im Himmel ihre singenden Kreise ziehen, lenkt nichts den Blick zur Sonne hinauf.

Seit Tina unseren Leo ins Grab gebracht und seine Witwe die Tauben mit dem Küchenmesser abgestochen hat.

Seit jenem Tag.

Die beiden Paare wissen über alle Vorgänge am Schattenhang Bescheid. Warum etwas passiert, wie es passiert, was man hätte vorkehren sollen, um es zu verhindern.

Was ihnen an Wissen fehlt, wird dazu erfunden. Mit ihren Geschichten heben sie sich aus der Trostlosigkeit ihrer Tage.

Es hat Kupferschmid hierherverschlagen. Wer weiß, warum? Er könnte an einem Sonnenhang wohnen, unter jungen Familien, im Süden, wo die Winter kurz sind und mild, und die Nachbarn ihren Tag im eigenen Garten verbringen.

Von allen Orten der Welt wählte er diesen Schattenhang.

Beim Öffnen seines Fensterladens sieht er nun jeden Morgen die Häuser seiner Nachbarn. Die ungemachten Ehebetten in ihren Schlafzimmern. Frau Eberhard kämmt ihr hüftlanges Grauhaar vor dem Kommodenspiegel, Haarnadeln zwischen den Zähnen, die Lippen zu einer Schnalle verzerrt, den gestreckten Haarstrang über dem Scheitel zu einer Spirale drehend. Im darunterliegenden Zimmer schiebt sich ihr Mann vor dem Harmonium den Drehstuhl zwischen die Beine, läßt sich auf den Sitz fallen, neigt den Kopf zurück und beginnt mit schwingenden Händen zu spielen. Die hageren Beine treten die Pedale, seine Schultern heben und senken sich, die Finger gleiten die Tasten hinauf und hinab. Bald betritt seine Frau das Zimmer. Das japanische Porzellanservice klirrt in der Vitrine, sie zerrt einen Korbstuhl zum Fenster und beginnt zu stricken.

Er könne, behauptet Kupferschmid, das Foto von Erika Gwerder in Rucken über das Harmonium schlittern sehen.

Was für ein Bild? Meint er das Hochzeitsfoto von Theo und Amanda Eberhard? Oder die Aufnahme vom Kirchenchor? Oder das Kinderbild von Theres auf dem Bärenfell?

Theo Eberhard versichert, er hätte nie ein Bild seiner Nachbarin aufs Harmonium gestellt. Kann es sein, daß unser schneidiger Junggeselle eine dieser Lolitas im Kopf hat, die mit dem Muppet-Frosch am Sportsack zur Schule gehen, in immer engeren Jeans, mit immer größeren ausgefransten Löchern im Stoff, bis sie dann die höhere Schule in der Bezirksstadt mit knapp die Hinterbacken deckenden Höschen besuchen und einen dummen Kerl wie Leo Blum oder den Steinsammler um Verstand und Hab und Gut bringen?

Oh, die beiden Paare wissen zu gut, daß ein bißchen glatte Haut und knackiges Fleisch ausreichen, um einem Mann den Kopf zu verdrehen und Unheil heraufzubeschwören.

Sie denken an Theres.

Vor allem aber an Tina. Die hier plötzlich auftauchte, an einem Morgen vom Park herunterkam, eine Halbwüchsige, ein Kind, zusammengeknotete Ballettschuhe über der Schulter. Es winkte zur Lastwagenkabine von Leo Blum hinauf. Alt genug, dessen Verblüffung zu bemerken.

Ein Kind, Rotz an der Nase, und schon jemandes Schicksal.

Blum fuhr das Mädchen mit seinem Lastwagen zum Ballettstudio. Er hat den Übenden zugesehen, an diesem oder an einem der folgenden Tage. Er brachte Tina jeden Tag ins Studio. Sah die Kleine auf Zehenspitzen durch den verspiegelten Saal tanzen. Unter dem federbesetzten Trikot zeichneten sich zwei ungleiche Brüstchen ab. Die Spiegel an den Wänden vervielfachten ihr bewegliches, flaumiges Körperchen. Den Kopf im Armknick schwebte die Ballerina am Lastwagenfahrer Blum vorüber. Ihn mit ihren großen Augen ruhig anblickend, hob sie das Bein rückwärts über die Haarkrone, ihre Fingerspitzen wie zum Flug gerichtet.

Der Zündholzspliß blieb Leo zwischen den Zähnen stecken, wie man sich vorstellen könne.

Die Geblümte läßt ihr Taschentuch in seine sechzehn Bügelflächen auseinanderfallen, um zur Seite gewendet leise hineinzuschneuzen, hineinzuatmen, die Nase mit einer Bügelfalte zu betupfen, danach das Tuch gefaltet unter den Stoffgurt zu stecken.

Ihr Sessel steht am Plattenweg, damit sie niemanden behelligt, wenn sie die leeren Gläser vom Granittisch räumt, damit nach Hause eilt und mit gefüllten Gläsern zum Chalet zurückkehrt. Ihr Mann hat seinen Sessel zum Brunnen zurückgeschoben, so daß Frau Gwerder sich weit über die Armlehne beugen muß, um Armins heruntergefallene Zeitschrift aufzuheben und sie ihrem Mann zum Schutz gegen die Sonne auf die Glatze zu legen.

Die Lanzettenblätter der Palme werfen ihren Schatten über die Sessel. Unter dem Palmblattbüschel blühen Orchideen. Ihre Masken mit Kiefertrichtern, Blattohren und Staubfadenaugen schweben über den marmorierten Funkien. Der Pfau hebt ein geriffeltes Bein, ein Regenbogen rinnt über seinen Hals, die Krone vorstoßend schleppt er die Federlast in Rucken zum Brunnen. Wenn er stehenbleibt, wippen die Schwanzfedern an ihrem Kiel nach vorn, fallen wie in Zeitlupenaufnahme in einen Scheitel und schwingen langsam zurück.

Niemand hat sich etwas dabei gedacht, wenn Leo Blum und Armin Gwerder das Mädchen abwechselnd zum Ballettunterricht fuhren.

Ein Kind, das tanzt. Das wie Theres Eberhard von gestern auf heute sein Hängekleid mit einem Stretchfutteral vertauscht und sich im Schwenken seiner Hüften übt.

Täglich erschien es am Bogenfenster der Villa und machte seine Verrenkungen im getigerten Trikotanzug mit spitz zum Mittelfinger zulaufenden Ärmeln, hohem Beinausschnitt, schenkellangen Stulpen und einem Wollschlauch ums aufgesteckte Haar. Beugeübungen, Bauchrollen, Bodenübungen, locker, mühelos, eine perfekte Kerze, eine Brücke und im Sprung in den Spagat. Wenn vom Biegen und Dehnen die Brüste aus dem Body quollen, machte es eine Pause, strich die Brüste in das schmale Stoffstück zurück und setzte die Gymnastikübungen fort.

Ein Kind in seiner Unschuld. Was denkt man da? Der Steinsammler ist ein Schwein. Und Leo Blum ist ein Schwein. Wer durch Tinas Fenster späht, ist ein Schwein.

An einem Tag steht Frau Blum im Ballettstudio. Stürzt sich auf Tina und prügelt das Mädchen vom Barren. An der Wand halten die aufkreischenden Mädchen sich an der Hand. Tina weint. Die Blum schreit.

Tina rennt stracks zu Leo Blum, zieht den Stretchschlauch über die Brust und zeigt ihm die blutunterlaufene Stelle.

Anatol Kupferschmid hat von diesen Geschehnissen keine Ahnung.

Ein Zugezogener, sein Tropenparadies im Kopf. Am Morgen auf der Moto Guzzi zur Arbeit in die Stadt, am Abend zu seinem Chalet zurück.

Die beiden Paare werden ihm die Augen öffnen. Sie wollen nicht länger schweigen.

Vor ihnen liegt ein Nachmittag. Sie haben Zeit zum Einüben der Sätze. Die Erinnerungen kehren zurück, ein Wort genügt, ein Nichts.

Unter der Palme zeichnen ihre Finger die Ereignisse Bild um Bild in die Luft.

Erdaoben, ihr Liebhaber, mußte Tina ziehen lassen. Er brauchte nur sein Gesicht zu betrachten! Eine Lähmung hat es in eine lebendige und eine steinerne Hälfte zerbrochen. Er mußte nur den Seidenkimono mit dem aufgestickten Drachen aufschlagen und herabschauen an sich! Dieses Gewand erinnert an die Satinfütterung eines Besteckkastens, das in seinem Inneren keine Löffel, Messer und Gabeln, sondern ein Gerippe birgt. Der Steinsammler wollte die Geliebte über etwas hinwegtäuschen. Worüber, Nachbar? Einen Urinbeutel? Einen Katheter?

Immer und überall können die Nachbarn diesen Menschen in seiner Sofaverkleidung sehen. Er durchwandert sein düsteres Haus. Es wurde in einer anderen Epoche für eine Generation erbaut, die von einem Mittelbalkon herabzuwinken pflegte, von der Bibliothek ins Speisezimmer und von dort in den Rauchsalon wechselte, zwischen den Säulen auf der Terrasse den Kaffee einnahm, in einem Baldachinbett verstarb und das Haus samt Möbeln, Sammlungen und Bediensteten der nächsten Generation hinterließ.

Jeder neue Besitzer hat das Haus um einen Anbau, um Möbel und Sammelstücke erweitert. Jeder empfand die eigene Epoche als stil- und geschmacklos und kopierte eine frühere Epoche. Und die gegenwärtige wurde vom nächsten oder übernächsten Besitzer ergänzt. So daß nun alle Richtungen vertreten sind, sich vermischen, überlagern, gegenseitig aufheben, eine Verschönerung die andere entwertet, somit eine Generation die andere um ihr Lebenswerk betrogen hat, und dieses Gebäude mit seiner zerschlissenen Pracht nun einer Operettenkulisse gleicht. In diesem Park aufgebaut, damit eine unmögliche Liebe den passenden Rahmen habe.

Die Vorhänge lassen soviel Licht ein, wie es braucht, um eine Schmucksteinfigur zu taxieren, die ohnehin eher mit den Fingern erfühlt, denn gesehen werden muß.

Der Sammler hat sich zurückgezogen. Er beschäftigt sich nur noch mit Schmucksteinfiguren. Nimmt den Elefanten aus Obsidian aus der Glasvitrine, mit einer Behutsamkeit, als müsse die Schmucksteinfigur außerhalb ihres Glasraums zerbröseln. Er poliert mit einem weichen Lappen den zurückgebogenen Rüssel, die Elfenbeinzähne, die vorwärtsstampfenden Beine mit den runzligen Kniescheiben, die fliegenden Ohrschürzen. Als sei der Glanz dieser Figur eine Frage von Leben und Tod. Dieser Koloß könne seine Masse nur blitzend, mit erhobenen Stoßzähnen seinem nicht vorhandenen Feind entgegenwerfen.

Später stellt er den Gegenstand ins Regal zurück. Nimmt die Ente aus Jaspis heraus oder die Eule aus Labradorit und poliert auch sie.

Zwischendurch schlurft er in Schlappen über die Verandatreppe und geht zu der Marmorstatue am Teich. Eine Hand auf der Brust der Marmorgöttin, starrt er in die Wasserfontäne.

Die Göttin Diana gleicht Theres, ist Eberhards Theres aus dem Gesicht geschnitten.

Auch sie hat den Steinsammler verlassen. Auch Theres.

Nach ihrem Auszug schaffte Erdaoben sich eine Frau aus Marmor an. Sie steht im Schilf und läßt sich lächelnd vom Wasser spiegeln. Er berührt ihre Brust, dann läuft er mit flatternden Ärmeln ins Haus und über die breite Treppe zum Ölbild der Ahnfrau, die hochmütig die rastlose Wanderung des Nachkommen durch die Zimmerfluchten verfolgt. Er selber wird nie von einer zerschlissenen Seidentapete herabstarren. Er stirbt ungemalt, ohne sich fortgepflanzt oder Denkwürdiges geschaffen zu haben, wie tausend andere, die Ideen in die Luft gesetzt, aber nie verwirklicht haben. Nur Schmucksteinfiguren polierte, vor den Augen junger Mädchen in seinem großartigen Umhang durch sein Haus schritt, Gedichte memorierte und vielstellige Zahlen in ein Scheckheft schrieb. Sozusagen die Zeit bis zu seinem Verschwinden hingebracht hat. Nichts veränderte. In der Weltgeschichte keine Spuren hinterließ. Auf einem Friedhof voll gleichgrauer, gleichgroßer, gleichbeschrifteter Steine begraben wird, nach zwei Jahrzehnten ausgehoben und zu einem Aschenhäufchen verbrannt werden wird. Seinen Gebeinen bleibt keine Zeit, sich auf natürliche Weise aus dem Boden zu schaffen, die Erde zu düngen und einem Vogel zum Wetzen des Schnabels zu dienen. So daß für diesen Ort möglicherweise nicht einmal sein Sterben einen erkennbaren Sinn gehabt haben wird.

Zwischen seinen Wanderungen hockt der Steinsammler in seinen Sofakissen, das zerrissene Gesicht im Dunkel, die hängende Schlappe an der Ferse des übergeschlagenen Beins.

Selbst eine Statue. Mitten in einer Bewegung erstarrt.

Kupferschmid lebt an einem Ort, dessen Dramen er nicht kennt.

Die Immobilienpreise sind in Wilimoos innerhalb von zwei Jahren um das Doppelte gestiegen. So gesehen war der Erwerb dieses

Grundstücks am Schattenhang ein lohnendes Geschäft. Das Chalet war verlottert. Eine Hütte im Gestrüpp. Das Holz von Regen, Sonne und Frost ausgebleicht, der Balkon zerbrochen, das Dach eingesunken, der Estrich von Fledermäusen, Wespen und Mardern bewohnt, die Fenster von Dreck und Spinnweben blind. Das Scheppern der verrosteten Dachrinnen schreckte die Nachbarschaft in windigen Nächten aus dem Schlaf.

Das Objekt wurde in der Regionalzeitung mehrmals zum Kauf angeboten. Einfamilienhaus mit Umschwung für Kleintierhalter. Diese Übertreibung, diese Frechheit. Die Hütte war zu teuer.

Am Schattenhang hat man sich lachend auf die Schenkel geschlagen, wenn wieder einer aus Wilimoos heraufkam, sich durch Brennesseln und Brombeerranken zum Fenster kämpfte, um ins Innere zu spähen. Verkauft, hieß es eines Tags in Wilimoos.

Jemand habe für den Schandfleck den geforderten Preis bezahlt.

Und an einem Herbstmorgen fährt ein Mensch auf einem Motorrad unter Eberhards Wäscheleinen hindurch, wischt sich die Unterhosen wie Spinnweben vom Visier und stellt seine Stiefelspitzen auf den Weg. Seine Finger trommeln auf die Lederblase am Gesäß, das

Helmvisier dreht sich langsam vom Boden zum Himmel. Wie um Maß für eine Palme zu nehmen.

Was sucht der Moto Guzzi-Mann zwischen den Kleintierställen, Kohlköpfen und Maschendrahtzäunen unserer Nachbarn? hat Erdaoben Tina gefragt.

Er will mit euch zur Autobahn glotzen, gab das Mädchen zur Antwort. Konnte es sagen, ungerührt, in seinem Haus, das Kinn auf seiner brillantbesetzten Piaget-Armbanduhr, die Ballettschuhe im Brotsack des Drittweltladens neben sich, die Füße auf dem Satinkissen, hochgezogen vom Boden eines Jammerorts, dessen Einwohner gedankenlos in einen Granny-Smith-Apfel beißen und Gänseleber essen.

Worte hinauslassen wie schillernde Seifenblasen. Und ruhig die Zehennägel lackieren für eine bessere Welt.

Der neue Chaletbesitzer sei Keramikingenieur, hieß es, ledig, um die Vierzig und in Deutschland geboren.

An einem Sommertag kam er mit seiner schwankenden Habe am Schattenhang an. Seine schwarze Bettwäsche erregte Aufsehen. Glücklicherweise war Eberhards Theres schon ausgezogen. Nicht auszudenken, was ihre Eltern sonst hätten erleben müssen. Der Chaletbesitzer wirkte jünger als vierzig. Als Nachbar den Rentnern viel zu jung.

Mit der Ruhe war es vorbei. Der Neue riß die Fensterläden auf. Und warf den Hausrat in den Garten hinaus. Den Teppich, den Ofen, die Spüle hinterher. Es splitterte und krachte.

Tina rannte zum Chalet, natürlich, die Ballerina zählte nicht erst bis drei, um den Neuen am Werk zu sehen. Den Fuß gegen den Bretterstapel gestemmt, das gebogene Knie im Schlitz des durchgeknöpften Kleids, verfolgte sie den Flug der Habe. Die Kloschüssel plumpste in den Holunderbusch. Tina drehte nur ihr Knie zur Seite. Der Keramiker hob die Holzbrille zum Wurf in Augenhöhe, und entdeckte das Mädchen. Lächelnd schaute es zum Fenster hinaus, und biß mit einem Eckzahn in die Armkugel hinein.

Wir wußten sofort, daß Tina nicht zum Sammeln für die Heilsarmee gekommen war. Dem Neuen begegnet das Unglück im Rund seiner Abtrittbrille.

Du hast uns damals nicht den intelligentesten Eindruck gemacht, Anatol, werden die Nachbarn später lachend zu ihm sagen. Ihr habt mich nicht einmal gegrüßt, wird er antworten. Groß angeschaut habt ihr mich. Seid mit Eimer und Besen und einer Schürze voller Früchte von meinem Baum nach Hause marschiert.

Der Neue fällte den Obstbaum.

Unseren Baum.

Eberhards, Gwerders und Blums hatten seit Jahren die Früchte untereinander geteilt. Kaum lag der Baum am Boden, kreischte die Säge im Holunderstrauch. Frau Gwerder pflegte aus dessen Dolden Blütenkuchen zu backen. Wie ein Berserker fiel der Neue über sein Anwesen her. Mit jedem Axthieb etwas zerschmetternd, das auf eine Weise seinen Nachbarn gehörte. Die Brennesseln verschwanden, das Gestrüpp. Die letzte Wildnis dieses Landstrichs war gerodet. Nach dem Kahlschlag stand das Chalet verloren im Gelände.

Im November fielen die Ziegel vom Dach. Sie zerschellten in der Metallmulde. Jeder Ziegel, den der Neue auf seine Rutsche legte, kläfelte eine Nachricht vom kühnen Erneuerer zur Ballerina hinauf.

Buchhalter Eberhard, seit zwei Wochen pensioniert, kam sich alt und unnütz vor. Eine Fallmasche im Gestrick seiner Frau. Er mußte sich zureden. Jeder erfüllt irgendeinen Plan. Auch wenn er nur zuschaut, wie andere sich in etwas verwickeln.

Die Gehende hat mir ihr Profil zugedreht. Sie verharrt in einem Spalt aus milchigem Licht, die

Tür nach draußen steht offen. Wassertropfen fallen in den Nachmittag. Ein Mückenschleier zuckt über dem Teich. Ich kann ihn über dem Wasser pulsieren sehen.

Fürchtet die Gehende, daß ich aushole zum Wurf?

Sie gleicht der Marmorfigur, die bei Regen und Schnee in meinem Park zum Köcher greift, die Augen aufs Wasser gerichtet.

Die Figur ist so am Teich plaziert, daß ich beim Zurückraffen der Vorhänge unter ihrem angehobenen Arm eine runde, straffe Brust sehen kann. Sie dastehen sehe, die erste und letzte Freude meines Tags.

Ist Mordlust in den Augen aus Stein? Sind sie vom Spiegeln des Lichts im Wasser geblendet? Was geht vor hinter dieser Stirn?

Wenn ich meiner Jagdgöttin den Rücken zukehre, schaut sie vom Teich auf, spannt den Bogen und läßt ihren Pfeil auf meinen Drachen schwirren. Mit einem Unschuldsgesicht, einem Lächeln. Und ohne daß der Klangteppich in diesem Park für einen Augenblick unterbrochen wird, oder eine einzige Samenkapsel ihren Inhalt nun nicht in den Wind schüttete, damit Schluß ist mit Weiterverpflanzen, weiterem Ausschmücken der Gewalt mit einer betörenden, rauschenden, duftenden, vielfarbigen Dekoration.

Wende ich mich, nimmt die schöne Jägerin die Pose einer harmlos durchs Schilf Schreitenden ein.

Plötzlich stand die Göttin im Park von Ihmdaoben.

Amanda Eberhard habe ihren Augen nicht getraut. Eine Theres Nummer zwei.

Der Steinsammler gaukelt sich unsere Tochter vor, Theo. Er kann nicht von dem Mädchen lassen.

Als bald darauf Tina auftauchte, genauso jung und Theres zum Verwechseln ähnlich, habe Amanda beinah der Schlag getroffen.

Die Palmblätter wischen das Muster von ihrem Kleid, und die Saumwellen am hochgelagerten Bein bewegen sich. Ein Vogel wirft sich aus dem Blattwerk, verblaßt im Himmel zu einem fahlen Punkt und verliert sich im Dunst.

Frau Gwerder dreht ihren Kopf im Blumenkissen.

Woran denkst du, fragt sie ihren Mann.

Er denke an Leo.

Seine Frau beginnt leise vor sich hinzuweinen. Weil ihr Tina einfällt. Und diese sie zum Weinen bringt. Das Ewigunvergessene, eine laut plärrende Recordermusik, eine Karodecke in der Wiese, und die Kleine darauf hingebreitet. Tina nimmt ihr Sonnenbad, einen Wattebausch im Schamhaar, zwei auf der Brust. Ölt die Arme ein, das Hälschen, die Schultern, die Brüstchen, die Hüften. Dreht das Bein in der Luft und läßt das Mittel auf die Schenkel tropfen.

Frau Gwerder überkupferte im Garten ein Schuhpaar. Als sie wieder zur Wiese blickte, saß Ehemann Armin mit einer umgeknoteten Serviette auf der Karodecke. Die Ballerina auf seinen Knien, schimmernd vom Öl, von seinen Handschaufeln untergefaßt. Sie stutzte mit ihrer Nagelschere die Augenbrauen von Armin in Form.

Frau Gwerder springt auf, um ihrem Mann das Seite-drei-Mädchen vom Gesicht zu nehmen. Er schlägt ihre Hand zur Seite wie ein Insekt. Die Frau fällt in ihren Sessel zurück. Und schweigt. Und stichelt die Organzadahlie anders an den Kragen. Richtet sich plötzlich auf.

Du hast sie jeden Freitag abgeholt, Armin.

Wen? Ihr Mann atmet in die Blätter der Zeitschrift, die Daumen hat er in die Hosenträger gehängt.

Tina.

Jeden Freitag hast du sie abgeholt. Bis auf den Einzugstag des Keramikers. Denn an diesem Tag war das Mädchen nicht im Ballettstudio erschienen. Eine Freundin hatte Tina in einem Lastwagen gesehen. Leo mußte mit einer Fuhre ins Tessin. Du bist wütend zur Autowaschanlage gefahren. Ohne die Ballerina.

Frau Gwerder reißt ihrem Mann die Zeitschrift vom Gesicht.

Du bist über die Führungsschiene hinaus in die Anlage geprallt. Die ausklinkende Bürste drückte das nachfolgende Auto ein.

Sie zupft die Spitzenlitze am Taschentuch in Form. Als könnte sie die Bordüre in den knitterfreien Urzustand zurückzwingen, in die Bügelform vor dem Ausbruch der Tränen. Und nicht nur dieses Taschentuch. Auch die Tränen. Und die Gründe für die Tränen.

Hier kennt jeder die Geschichte des anderen.

Stricknadeln klicken. Das Wollstück wächst unter den Händen von Frau Eberhard. Ein Bein hat sie in einen Wassereimer gestellt, das andere lagert auf einem Sessel. Sie trägt eines dieser Übergrößen-Kleider ohne Tailleneinzug, die das Übergewicht statt zu überspielen, nur mit einer Sturzflut von Tupfen, Flatterärmeln und Raffungen noch mehr betonen. Unter dem Bauch ist eine Schärpe locker überschlagen. Und der Knoten hüpft bei jedem Schritt auf.

Frau Eberhard greift in ihre Wollknäuel und zieht am richtigen Fadenende.

Damit das Leben nicht glatt abschnurrt, sind

Knoten darin. Sie behauptet, daß Theres und Tina solche Knoten waren.

Auch ich war ein Knoten.

Kein Tag vergeht, ohne daß Amanda Eberhard bei zwei links zwei rechts daran erinnert, daß sie in jungen Jahren für einen Hamburger Zimmermann ein Knoten war. Sie spricht über die Dummheit, wegen eines Organisten einen Mann der Zimmermannszunft aus den Augen zu verlieren.

So wie Theres habe auch ich einmal ausgesehen. Wie ein Reh. Die gleichen Augen.

Sie sticht die Stricknadel in die Rippen ihres Mannes, wenn er nicht beipflichtet, sondern Striche auf seinen Schreibblock macht, für jedes Lastauto, jeden Bus, jeden Personenwagen, die den Bildausschnitt durchfahren.

Was haben wir falsch gemacht, Theo, mit dem Kind?

Frau Eberhard habe Theres ins Gewissen geredet. Theres habe den Kopf geschüttelt. Danach war sie eine Weile mit Fortblasen der Haarfäden beschäftigt. Jedes Wort ist verpufft. Die Mutter habe den Haarvorhang beiseite gestrichen, aber dahinter nie so etwas wie Reue oder Einsicht gefunden.

Ob es eine Mutter gegeben hatte, die Tina ins Gewissen geredet, Ballettstunden gestrichen und die abgeschnittenen Jeans der Textilien-Sammlung für ein Dritte-Welt-Land geschenkt hat?

Ob auch sie erleben mußte, daß ihre Tochter neue Jeans kaufte, neuen Jeans die Beine abschnitt? Und nie herausfand, woher ihre Tochter das Geld dafür nahm?

Niemand antwortet. Vielleicht ist Herr Gwerder eingeschlafen. Die Zeitschrift als Sonnenschutz rutscht immer wieder von seinem Kopf. Die Geblümte steht auf, um sie ihrem Mann auf den Kopf zu legen.

Ununterbrochen fahren Autos durch die Senke. Die Welt zieht am Schattenhang vorbei. Davon müßten die vier ihrem Nachbarn Kupferschmid berichten. Sie müßten vom Warten erzählen. Diesem Warten auf nichts.

Reden wir von Tina! werden sie sagen, wenn Kupferschmid von der Arbeit kommt. Reden wir von deiner Göttin!

Die Kippvorrichtung unter der Armlehne läßt die Sessel mit einem Ruck in Steillage schnellen.

Es ist Schluß. Aus! Setz dich, Anatol!

Sie bieten Kupferschmid in seinem eigenen Garten auf seinem eigenen Sessel Platz an. Brennen darauf, ihm alles zu erzählen. Sein Gesicht dabei zu sehen. Wie Theres darauf brannte, ein paar Farbbeutel gegen die Villa zu schleudern. Danach leichter durchs Portal treten konnte. Das Gemäuer wieder eine Weile ertrug.

Wir müssen schlechte Nachrichten überbringen:

Deine Göttin ist nicht mehr da, Anatol.

Wir unter Palmen. Während Völkerscharen im Auto vorüberzogen. Plötzlich fährt ein Taxi von der Krete herunter. Und Tina thront mitten im Gepäck.

Das Ereignis hat uns den ganzen Nachmittag beschäftigt.

Wir haben über das Leben nachgedacht. Wie es so aufabaufgeht mit den Menschen in diesem merkwürdigen Riesenrad, bis irgendwo, irgendwann der Boden herausfällt und dich oder mich oder einen andern armen Teufel in den Abgrund kippt.

Im Reden werfen die Rentner sich in den Blüten und Ranken der Steppkissen auf. Kupferschmid wird an die Schleuderbewegungen fressender Echsen erinnert. An ihrem Mahl würgend, peitschen sie den Schuppenleib herum, die zappelnden Beine der Beute umschlenkern den Kiefer. Mit jeder Zuckung verschwindet ein Beinstück zwischen den Zähnen, bis die Echse ermüdet in Fraßrichtung mit einem Beinrest versteinert.

Die Sitzgruppe unter der Palme ist in einen Block aus trübem Glas gegossen. Der Wind fährt in den Palmbüschel, ein Zweig senkt seine gefächerten Blättern ins Bild.

Die Puderfarbe gehört zu dieser Landschaft. Der Blick wie durch Gaze.

Die Nachbarn sind das Spähen durch Vorhangwolken gewohnt. Vergessen niemals das Bild eines aufgetakelten, grell geschminkten Mädchens. Es ging auf dem Teppich auf und ab, in einer Wendung schleuderte es das Haar zurück und warf einen ungeduldigen Blick zur Stuckdecke.

An diesem Auftrotzen haben wir Theres erkannt. Bei Ihmdaoben. In seinem Operettenhaus.

Ungläubig sei man aus dem Versteck im Schilf herausgetreten. Steine im Mund, unfähig zu schreien. Wie gelähmt. Man habe eingesehen, daß man zum zurückgelassenen Lebensplunder der Kleinen gehörte, wie die Strickleiter, der Muppet-Frosch, die abgeschnittenen Jeans.

Dieses Mädchen stöckelte hinter den Bogenfenstern in seiner Verkleidung aufabauf. Das Kleid war auf der einen Schulter mit einem Knoten befestigt, und die Enden wippten wie Hasenohren. Ein Rubintropfen glimmte in der Halskuhle. Oder war es das Blutmal von einem Biß?

Dieses Geschöpf, dem man Lesen, Schreiben,

Rechnen, Haltung, Verantwortung und all die großen, schönen Gedanken beigebracht hatte, ließ sich von einem Greis im Dämmerlicht einsperren. Die Kinderhaut war wächsern, die Brustperlen wurden bei jedem Schritt in Schwingung versetzt.

Theres war nichts als Erscheinung. Von den Augen des Sammlers verfolgt.

Plötzlich neigte sie sich zur Fessel, um die Schließe ihrer Schlangenbride zu befestigen. Der Späher hatte die Rundung ihrer Brüste vor sich. Danach paradierte Theres wieder. Auf. Ab.

Schließlich setzte sie sich, das Kleid über die Hüften hochziehend, sorgfältig aufs Sofa. Nicht aus Überdruß. Eher aus Erschöpfung. Denn sie lehnte sich, vielmehr sie sank sofort in die Satinkissen zurück. Und ihr Liebhaber warf sich augenblicklich über sie. Als habe er nur darauf gewartet, den Blutstropfen von Theres' Hals zu saugen, die Zungenspitze in die winzige, von Funkelsteinen durchstochene Ohrmuschel zu bohren.

Dieser Mensch, für den uns die Worte fehlen, Anatol.

Kniend vor dem Sofa, die Seidenkimono-Ärmel über das Mädchen gebreitet, den gestickten Drachen auf dem Rücken, das dürre Gesäß wippend unter der Seide, eine Saumwelle auf den Waden, die Zehen in den Teppich gekrallt.

Aller Geschicklichkeit zum Trotz ist es ihm nicht gelungen, Theres immer nur die gesunde Gesichtshälfte, das aufmerksame Auge und den beherrschten Mundwinkel zuzuwenden. Sie berührte ungewollt seine starren Halsstränge. Und es war nicht zu vermeiden, daß sie an der starren Gesichtshälfte einen Speichelfaden sich verdicken sah. In Abständen fiel ein Tropfen auf ihr Gesicht. Und während der Steinsammler unserer Theres die Schuhe von den Füßen streifte, trocknete sie verstohlen ihre Wange am Puffärmel ab.

Auch Tina ist dort oben auf- und abgegangen.

Deine Göttin, Anatol. Wie ein Nummerngirl. Wie ein Stück Ausstellungsvieh.

Unbegreiflich, wie ein junges Mädchen die knöchernen Finger dieses Mannes auf der Haut ertragen kann. Diese langsam über die Beine kriechende eisige Hand, die sich zwischen die Schenkel schiebt.

Gwerder lächelt. Er stellt sich die Innenseite von Tinas Schenkeln unsagbar zart vor. Das samtene Innere einer Petunienblüte.

Hinter der Sitzgruppe stürzt das Wasser des dreistöckigen Muschelbrunnens von der obersten, kleinsten Brunnenschale in die mittlere Schale, von dieser in einer glasklaren Bahn in die größte Auffangschale, und wird duch die Schalensäule in das oberste Becken hinaufgepumpt. Die Schalen leeren sich nie. Immer überfließt Wasser die glitschigen Wellenränder und schleift den Stein, bis dieser auseinanderbricht, sein Inhalt sich über Kupferschmids Tropengarten ergießt, die Sessel und die darin Sitzenden aus dem Blickfeld schwemmt.

Die Uhr tickt. Sie hämmert. Ist das Taxi noch immer nicht gekommen?

Die Gehende bückt sich zum Gepäck. Als wäre der Mann mit dem Jadebrocken nicht ernstzunehmen. Der Verschluß der Tasche klickt. Sie wird ihren Paß suchen, das Scheckheft, das Geld.

Sie hatte nie die Absicht zu bleiben. Es war immer klar, daß sie gehen würde.

Sobald mir danach ist.

Jetzt ist ihr danach.

Sie hat keine Angst, springt mit zugehaltener Nase ins Wasser und schwimmt. Es gibt in Wilimoos nicht soviel Farbspray, daß sie einen einzigen Tag länger bleiben und durch das Portal zurückkehren könnte.

Was regt die Einbildungskraft unserer Nachbarn an?

Alle drei Tage rennen sie mit der Handmähmaschine bahnauf, bahnab.

Und an den drei Zwischentagen jäten sie den Steinkranz um ihren Hortensienstrauch, damit die Stauden nicht in den Rasen wuchern.

«Non, je ne regrette rien», schmettert die Dicke in die Palme hinauf.

Deine wunderbare Stimme, Amanda, bringt unsere Gläser zum Klirren.

Gesang ist mein Leben, antwortet Amanda. Sie hat auf dieses Stichwort gewartet und teilt ihrer Zuhörerschaft zum hundertsten Mal mit, daß sie im Stadttheater Luzern im Chor «Die Fledermaus» gesungen habe.

Luzern hat mich entdeckt.

Sie schwenkt ihre breiten, rot lackierten Zehen durchs Wasser.

Ihr hättet den Applaus hören sollen. Wie das Publikum getobt hat, wie ich Vorhänge und Blumen und Kritiken hatte.

Sie schildert ihre nörgelnde Gesangslehrerin, die selber nie den Durchbruch geschafft hatte, über dem Warten alt geworden war und mit dem Taktstock ihrer begabtesten Schülerin über den Mund schlug.

Amanda Eberhard habe nie zu den Verzweifelten gehört, deren Hoffnungen sich an nichts entzünden, einer Pastillenschachtel, die auf dem Schminktisch der Solistin liegt.

Mir ist die Welt offengestanden. Bis ich Theo Eberhard geheiratet habe. Die Solokarriere einem Mann geopfert habe. Und nicht wie tausend andere mit der rechten Hand einen Vertrag unterzeichnete, mit der linken den Haushalt erledigte, mit dem Fuß eine Wiege schaukelte, während an der Brustspitze Goldquasten-Propeller kreisten.

Mit Schwung hebt sie den Fuß aus dem Wasser, schüttelt die Tropfen von der Ferse und läßt ihn aufs Kissen zwischen die Blumen plumpsen.

Theres habe die reine Stimme ihrer Mutter geerbt. Sei überall aufgetreten. Habe immerzu gesungen. Solo und Duett. Mit Locken, Lackschuhen, durchbrochenen Blusenärmeln. Bis sie von einem Gesangsabend als Mutter zurückkehrte, sechzehn und mit dieser wunderschönen Stimme begabt.

Niemand hört zu. Die Nachbarn nippen am Getränk. Fruchtsaft mit einem Schuß Rum. Der Trinkhalm mit der aufgespießten Blüte lehnt am gezuckerten Rauhreifrand. Die Idee zu dieser Dekoration entnahm die Geblümte einem Reiseprospekt. Sie nennt es Inselgetränk.

Wenn die Ruhenden nicht am Glas nippen, beobachten sie die Paarung der Tauben.

Es gibt wieder Tauben am Schattenhang. Sie werfen sich nicht mit Trömmelchen am Hals in den Himmel, wie die Tauben von Leo Blum. Die

Flügel von Kupferschmids Ringeltauben sind gestutzt. Mit Mühe flattern sie zum T-Balken hinauf. Ducken sich beim Paaren aufs Gestänge.

Ihr Lockenschwanz gleicht der Dahlienblüte aus Organza auf dem Blumenkleid von Frau Gwerder. Diese Blüte hat an einem gewissen Tag am Ausschnitt gezittert. Die Erschrockene hielt eine Spraydose in der Hand. Eberhard trat auf seine Nachbarin zu. Mit einem überkupferten Schuh zeigte sie stumm zur Karodecke. Und Eberhard umfaßte seine zitternde Nachbarin samt dem spitzen, gegen seine Brust gerichteten Schuhabsatz, samt der bebenden Dahlienblüte. Herr Eberhard wollte einen Telefonanruf ausrichten. Er war aus dem Ausland angerufen worden. Die Stimme einer alten Frau. Sie erkundigte sich nach Kupferschmid. Wie es ihm gehe? Ob er krank sei? Seine Tante Louise spreche und Tante Hildegard stehe daneben. Sie hätten den Bub aufgezogen und lange nichts von ihm gehört. Er rufe gewöhnlich am Samstagabend an. Und jetzt seit vier Wochen keine Nachricht.

Es gehe ihm gut, habe Eberhard den Tanten mitgeteilt. Er werke. Mache Lärm.

Vielleicht war das später. Nach Leos Tod.

Heute gesund, morgen tot. Eben noch die Füße auf dem Mosaiktisch, in einen Fernsehfilm vertieft. Eben mit Stanniolpapier geraschelt. Als Frau Blum vom Bildschirm aufschaute, sei Leos Stuhl leer gewesen. Sie sah den Film zu Ende. Um Mitternacht warf sie einen Regenmantel über ihr Nachthemd und rannte in ihren flamingofarbenen Flaumpantoffeln zur Krete hinaus. Rief in den dunklen Park. Niemand antwortete. Laub raschelte, und die Kaskade rieselte in Windstößen über den Teich.

Frau Blum ging zu Bett. Erschien am Morgen mit verquollenen Hasenaugen. Und wieder zur Villa. Wieder ruft sie in den Park und erhält keine Antwort. Im Schilf entdeckt sie einen dunklen Umriß. Sie schlurft in ihren Flamingo-Pantoffeln durchs feuchte Gras. Mit einem Schrei bricht sie vor der Marmorfigur in die Knie.

Leo. Da lag er, unnatürlich verkrümmt, das Gesicht auf der Erde, einen Arm um den Sockel gelegt. Und die Marmorfigur spiegelte sich im Teich, wie an den Tagen zuvor, halb in ihr Tuch gehüllt, Efeuschlingen um den vorgestellten Fuß, lächelnd und lauernd, einen gezwirbelten Haarstrang über der Schulter, die Hand auf dem Köcher.

Mit geschwärztem Gesicht finden wir Leo.

Sein Gewand war mit Blättern behängt.

Wie Theo das Laub von der Leiche wischen will und an den Zweigen reißt, merken wir, daß die Blätter aus Plastik sind. Daß Leo einen Tarnanzug trägt.

Der Tod hat Unserngutenleo beim Lauern überrascht.

Worauf kann Leo gewartet haben, Nachbar, hinter dem Schilf, wo man die Fenster der Villa im Blickfeld hat?

Diese Frage gehört zum Nachmittag. Und die Pause nach dieser Frage gehört dazu. Das Hochschleudern der Hände und das Trommeln auf die Armlehne gehören dazu. Die vier Personen messen den eigenen Puls am Gelenk des anderen.

Unsere Welt, das ist nicht der blaue Planet, wie ihn die Astronauten nennen. Sie liegt auch nicht an der Côte d'Azur, wie Tina meint. Sie erstreckt sich unter einer Palme, ist ein windbewegtes Blatt, ein Stein. Sie ist der unbegrenzte Raum der Phantasie, der mit dem Menschen erwacht und mit ihm erlischt.

Früh fiel Schnee, bedeckte das Baumaterial und füllte die Gräben ums Chalet aus. Die Plastikfolie über den Fensterrahmen riß, Flockenwirbel stoben durch die Risse in das ausgehöhlte Haus. Der Keramiker hauste im Keller.

In Fausthandschuhen leuchtete er mit der Stablampe in den eisigen Raum hinein. In seiner Vorstellung waren die Wände schon mit einer grünen Tapete bespannt. Ein Plüschteppich bedeckte den Boden.

Einem Phantasten wie Kupferschmid muß eine Ausstattung im Traumhausstil vorgeschwebt haben, wie sie in jedem Möbelhaus, komplett mit Spiegelkonsole, Blumenübertöpfen, Kissen und Kaminausrüstung zu kaufen ist. Und in Schachteln zerlegt, mit Anweisungen, Schrauben und Schraubenschlüsseln im Lieferwagen des Möbelhauses zur Blockwohnung, zum Reihenhaus oder einem Chalet transportiert und an Ort zusammengebaut werden kann.

Der Keramiker wanderte von seinem zukünftigen Kinderzimmer ins zukünftige Gästezimmer und von dort in das zukünftige Elternzimmer. Eine dreieckige Doppelwanne war auf die Dielenbretter gekippt, ein Kran hatte sie durchs Dach ins Chalet gelassen.

Es braucht nicht viel Vorstellungsvermögen, um sich diese Wanne an der Glaswand vor Palmenhintergrund vorzustellen, mit einer Frau im Schaum, die sich im Zeitlupentempo aus dem Wasser erhebt, zum schwarzbezogenen Bett geht und auf dem Bauch des Keramikers tropfenden Haars durch die Palmfächer reitet, dann zu Boden gleitet, sich eilig in die zwölf Perlmuttscheiben ihres Kleidfutterals knöpft und aus dem Zimmer eilt.

Im ausgehöhlten Chalet war Husten zu hören. Der Keramiker saß im Licht einer schwingenden Glühbirne auf einer Kiste, die verdreckten Hände zwischen den Knien, eine Thermoskanne neben sich. Und träumte von seinem zukünftigen, überheizten Heim.

Du hattest diese Palmen im Kopf, Anatol. Den Garten Eden, den ein Einzelner aus Versehen durch einen Knopfdruck zerstören kann.

Die Dicke wird ihr Strickzeug in die Höhe halten und ein wenig Wolle vom Knäuel abrollen.

Wohin starrst du, Anatol? Hörst du zu? Wir reden von Tina. Auf die du wartest. Von der du träumst. Wir sprechen von dieser Frau.

Die Vögel flatterten mit einem Schlag vom Kiesweg auf. Das Taxi brauste durchs Tor.

Die Vögel ließen sich bald wieder von den Bäumen fallen. Das Motorengeräusch von Tinas Taxi verhallte am Schattenhang. Wie so manches andere Geräusch, das uns aufschrekken ließ, diesen stillen Ort eine Weile erschütterte und dann im Brausen der Autobahn versank.

Die Lehnen der Gartensessel im Palmschatten werden bald steil aufgerichtet, bald in Schräglage gebracht. Bis eine Lehne in Ruhestellung klappt, die zweite, die dritte Lehne, und diese Sitzgruppe zur Schmucksteinskulptur erstarrt.

2

Hast du begriffen? Ich gehe.

Sie zeigt auf ihr Gepäck.

Ich nicke, auf den Jadebrocken konzentriert, der sie vielleicht schon beim nächsten Atemzug an ihrer Schläfe trifft.

Sowohl töten, als auch zu einer Schmuckfigur zugeschliffen werden kann: Ruhende im Schatten einer Palme. Der Stamm wurzelt in Jade. Die Lanzettenblätter aus Serpentin sind fächerförmig um eine geschmiedete Goldrippe geordnet, die Wedel zur Büschelspirale gefaßt und in den Achatstamm gefügt. Die Palme über die Sessel geneigt. Seitenwind bezeugend. Diesen Wind, der am Hang Fesselballone entgegentreibt.

Die Ruhenden schauen also doch manchmal zum blassen Himmel hinauf.

Die vielfarbigen Ballone schweben lautlos auf den Palmengarten zu, werden größer, greller, lassen ihr fauchendes Gebläse Feuer in den Stoffballen speien, er dreht sich schwankend. Und dann steigt der Ballon mit den Passagieren zwischen seinen Seilen senkrecht in die Höhe und schwebt fort, die Winkenden im Korb hinter sich herziehend, wie eine zu leicht befundene Last.

Mit dem Abend kommen die Ballone.

Luftfahrer werden durch den Himmel treiben, wenn die Paare ihren Nachbarn aufklären.

Kupferschmids Traum wird zerstört, während noch immer Ballone ihr einzigartiges Rot Grün Gelb Blau auf die Palme zutreiben. Schweigend betrachten die Paare die Farben. Die Ballone leuchten wie Theres' Schal.

Man wird sich an Theres erinnern. Über Theres sprechen.

Den bunten Schal trug sie als Ersatz für ihr abgetriebenes Kind. Sie verknotete den Schal nach Zigeunerinnenart am Hinterkopf. Schlief nicht mehr mit Plüschtieren. Hat nie wieder gesungen. Nicht, daß sie verstummt wäre, im Gegenteil, sie regte sich maßlos über ihre Eltern, die Nachbarn, die Menschheit auf. War immer bereit, zu protestieren, sich zu begeistern, sich einzusetzen für Vögel, Pelztiere, Frösche, Luft und Wasser, die Menschen unter diesem und unter jenem Regime. Wanderte mit klirrenden Ketten an Hals und Armen von Tür zu Tür, um die Bewohner um Mithilfe bei der Nistkasten-, Borkenkäferfallen-, Igelüberwinterungs-Aktion zu bitten. Hinterher duftete der Hausflur nach Räucherstäbchen.

Eines Tages band Theres sich den Schal ums Haar und stieg mit ihren Ketten und einem Unterschriftenbogen hügelauf in ihr drittes Leben.

Der Steinsammler ließ Theres eintreten, erzählen die Nachbarn.

Komm herein, sagt er zum Lämmchen, mit der kreidigen Stimme des Wolfs. Geräuschvoll schlägt er sein Scheckheft auf und schreibt mit seinem goldenen Kugelschreiber eine vielstellige Zahl. Schreibt Ziffern, wie ihre Mutter Maschen verstrickt.

Theres besprenkelte sich nicht mehr mit Duftwässern aus dem Orient. Ihre schwindelnd hohen Absätze verwehrten ihr das Verblenden der Schattenhangwiese zum Schutz der Rehkitze.

In den Schuhen stieg Theres über ihre Eltern hinweg. Um sich einem alten Mann hinzugeben.

Sie, die in abgeschnittenen Jeans den Leuten eine Unterschrift gegen das Pelztragen abgepreßt hatte, fröstelte nun sogar im Nerz. Sie dinierte. Eine Person in starrer Robe, den Rücken durchgestreckt, die Handgelenke an der Tischkante, zu ihrer Rechten eine Abendtasche aus regenbogenschillernden Chitinpanzern, zur Linken eine überquellende Fruchtschale, das Haar mit einem burgunderroten, von Opalen besetzten Kamm aus Schildpatt hochgesteckt.

Eine geringfügige Änderung des Dekors, wie

das Verrutschen des Rubintropfens an ihrem Hals, oder ein nicht parallel zum Tassenhenkel plazierter Silberlöffel, oder ein fehlender Kristallstab am Kandelaber hätte die Vollkommenheit dieses Stillebens gestört.

Theres hauchte ah! oh! zu Versen, die sie nicht begriff.

Ein Gemälde mit Goldstaub auf den Schultern. Eine Schallwand für Gedichte.

Die Stimmen verstummen. Wie in einem Film mit Tonpanne. Die Personen bewegen die Lippen, beugen sich vor, um zum Glas zu greifen, gehen ein paar Schritte zum Brunnen oder bükken sich nach der heruntergefallenen Zeitschrift. Doch die Verstrickung der Personen bleibt rätselhaft, ihre Verständigung auf Mundschnappen, Kopfnicken und Handbewegungen beschränkt. Der Zuseher hat mit den Augen zu hören: «Wegen einer Gans», oder «sich zum Narren gemacht». Er muß ein nicht stattfindendes Luftzufächeln mit einer Zeitschrift beobachten. Hat dieses als eine Geste der Mattigkeit zu begreifen, als Absturz der Person in die eigene, enge Haut.

Das dunkle Holz des Chalets knistert in der Wärme. Es ist nur draußen auszuhalten, unter der Palme.

Ein Arm hebt sich von der Sessellehne und malt ein Zeichen in die Luft. Ein Oval. Ein Blatt.

Die andern sehen zu, verwundert, als hätten sie eine Gedankenstrecke zu überwinden. Sie nicken. Das Blättergewand von Leo Blum wächst aus der Vergangenheit, dieses närrische, letzte Gewand.

Blum lag da, Anatol, einen Arm um den Sokkel der Marmorfigur. Als hätte ihn jemand im Narrengewand fortgeworfen. Oder als hätte er sich selbst verworfen, aus Überdruß und Mattigkeit. Er schien noch immer zu sinken, das Gesicht auf der Erde, abgewendet von dem Mädchen, das im erleuchteten Zimmer eine Vorführung gegeben hatte und mit fliegendem bauschendem Hemd in den Park hinausgelaufen kam.

Blums Versinken in der Erde fand kein Ende. Diese Flucht vor einem Kind, das seine Macht erproben will. Wie es ist, wenn es ein wenig im Blattgewand des wankenden Baumes spielt. Dieser es an sich reißt, in seine Äste hinein, so stürmisch, daß die enthüllten Brüste sich ins Mondlicht heben. Wie es ist, wenn es sich an dem ruppigen Baum reibt, und sich immer wieder eine andere Rundung unter die knorrigen Hände schiebt, das Grabschen und Befingern, das Wehren und Winden im Park sich unendlich hinziehen, stumm, lautlos, damit der Steinsammler nicht erwacht, Leos Frau nicht den Hang heraufeilt oder ein Nachbar sich schützend zwischen die Unschuld eines Kindes und die Begierde eines Lastwagenfahrers stellt. Und das Kind seine Erfahrung abschließen kann. Von nun an weiß, daß nicht nur ein alter Mann, sondern auch der Lenker eines Achtundzwanzigtonners mit explosiver Fracht und Playgirls an der Kabinenwand einer Halbwüchsigen wegen den Verstand verliert.

Die Nachbarn werden Kupferschmid die Szene schildern.

Mondschein in besagter Nacht. Der Steinsammler in seine Vorhangdraperie gekrallt. Draußen ringt Blum mit seiner Taube. Die Fetzen des Laura-Ashley-Hemdes flattern. Zwei-, dreimal läßt Tina sich in Leos Armklammer zu Boden fallen und schmettert die Fersen ins Gras.

Es wirkte sehr echt, Anatol. Ihr Hemd war an den interessantesten Stellen zerrissen.

Erdaoben gedemütigt. Unfähig, sich zu rühren. Weder in dieser noch in einer späteren Nacht. Er nahm die Eskapaden dieses Geschöpfs in Kauf, als wären sie sein Los, die Strafe für den Urinbeutel unter dem Kimono. Jeden Abend kann er sich nach dem Ablegen seiner Seidenhülle im Spiegel sehen. Ein Knie auf die Matratze gestemmt, heftet er mit einer Sicherheitsnadel den Plastikschlauch an sein Pyjamabein, damit im Schlaf der Beutel nicht verrutscht.

Am Morgen haben wir den Toten gefunden. Ganz Wilimoos hat der Witwe die Hand gedrückt. Der Männerchor sang. Leo Blum haben alle gekannt, alle gemocht. Nur der Steinsammler gab seinem Nachbarn nicht das Geleit.

Im «Sternen» war für das Leichenmahl gedeckt. Jeder Platz an den papiergedeckten Tischen besetzt. Drei Aushilfsserviererinnen warteten mit Bernerplatten und Getränken auf. Und das Lämmchen, die Taube, ganz in Weiß gekleidet, das gezwirbelte Engelshaar über einen rutschenden Träger gebreitet. Es saugt angestrengt an seinem Strohhalm, unter dem Tisch einen Fuß im Hosenbein von Armin Gwerder, einen im Hosenbein von Theo Eberhard.

Das müsse gesagt werden.

Die beiden Nachbarn halb unter den Tisch gerutscht, selig und mit rotem Gesicht, während spitzentanzgeübte Zehen sich zu ihren kantigen Altmännerknien hinauftasten.

Plötzlich steht die Witwe vor ihnen, die Hand wie zur Entgegennahme der Kondolation abgewinkelt. Stille im Saal, die Aufmerksamkeit auf Frau Blum gerichtet. Nur eine Serviererin huschte noch mit ihrer Bernerplatte vorbei. Da griff sich die Witwe die Platte, ruhig, ohne sich vorzubeugen, faßte einfach die Platte und kippt wortlos Wurst, Speck und Bohnen übers Engelshaar.

Die Nachbarn sehen zu den Ballonen hinauf. Schweigend folgen sie dem Flug.

Armin hat ein starkes Herz, sagt die Geblümte in die Stille hinein. Sie sucht ihr Taschentuch.

Ihr Mann habe alle Turnübungen der Kleinen überlebt.

Sie hält sich den zerrupften Lappen vor die Augen.

Nach einer Weile springt sie vom Sessel auf, um die leeren Gläser abzuräumen, um etwas zu tun. Aber die Reihe der Gläser auf ihrem Tablett erinnert sie an die Bierflaschenreihe im Festzelt von Wilimoos und damit nur wieder an Tina, die dort, fünfzehnjährig, zur Wahl der Miss Wiggertal im Badeanzug mit kurzen, wiegenden Schritten an den Hortensientöpfen am Rand der Bretterbühne entlang gestakelt ist. Tina, Myriam, Manuela oder wie die Schönen sich nennen, jede unendlich jünger, als man jemals in seinem Leben war.

Kupferschmid kam wie immer zu spät zum Fest, bei der Ankündigung der Wahl stand er mit aufgespanntem Regenschirm vor dem Zelt, um sich vom Securitaswächter den Eintrittsbändel ans Handgelenk knipsen zu lassen.

Zu einem Tusch stellten sich auf der Bühne die Schönen zu einer Staffel auf. Jede bog sofort ihr linkes Knie, stellte den Fuß auf die Spitze und lächelte über ihre rechte, dem Publikum zugewandte Schulter. Jede erstarrte. Eine wie die andere rosig und glatt, mit irisierenden Augenlidern und Goldstaub im Haar.

Ihre Schönheit schien von einer Art, die nur versteinert das Blitzlicht der Amateurfotografen, die Bekanntgabe von Maßen und Vorzügen, das Verteilen, Ausfüllen und Einsammeln der Wahlzettel, das Stimmenzählen und das gleichmäßige Trommeln des Regens aufs Zeltdach überdauern konnte. Von Zeit zu Zeit stocherte ein Securitaswächter mit einem Stock im wassergefüllten Plachenbauch. Die Flut klatschte jenseits der Zeltpflöcke hinab.

Manuela wurde zur Schönsten gekrönt. Wie unsere Ballerina als Zweitschönste dem Publikum zuwinkt, rufen die Gäste schon nach Getränken. Eine Holzhacker-Kapelle stapfte mit Zotteln an den Kniestrümpfen orgelnd und paukend über die Bühne. Wir sangen, schunkelten, hopsten am Arm unseres Nachbarn auf und krachten auf die Bank. Alle hatten Bier und einen Pappteller mit Grillwurst, Brot und einem

Senfspritzer vor sich. Nur der Keramiker stand den Kellnerinnen mit seinem tropfenden Regenschirm im Weg.

Man kann ihn noch dort stehen sehen, auf vergeblicher Suche nach einem Platz, tropfend, erstarrt im Scheinwerferkegel, herausgehoben aus der Zeit. Wie die Schönen. Eine Fotografie, die man in Alben klebt, zerreißt, an die Wand hängt oder von einer Wand abnimmt.

In der Tiefe eine lückenlose Fahrzeugkette. Spielzeugautos, die jemand aufgezogen und aufs Betonband gesetzt hat. Und da rollen sie nun schnurrend durchs Blickfeld.

Es fällt keinem Fahrer ein anzuhalten, um die Landschaft zu betrachten. Jeder durchrollt die Ebene in der angemessenen Geschwindigkeit, ohne den Kopf nach dem Hang mit seinen vier Häusern zu drehen, ohne an diesen Abschnitt einen Gedanken zu verschwenden.

Dies ist die kürzeste Strecke zum Ziel. Der Weg der Vernunft.

Jeder Reisende mit Koffern ausgestattet. Nach der Ankunft von der uniformierten Reiseleitung abgehakt, zum komfortabel ausgestatteten Zimmer mit Balkon, Bad, TV, Telefon und Hausbar geführt, zu einem Begrüßungsgetränk auf die Aussichtsterrasse geladen, über Ausflugsmöglichkeiten, Sitten und Verkehrsverbindungen informiert und mit Tips und Reiseunterlagen den einzigartigen, unvergeßlichen Ferien überlassen.

Im Schatten der Palme denken die Ruhenden an Leos Witwe und ihren Gigolo von der Tankstelle. In einem andern Erdteil eilt sie jetzt zum Strand, um ihren Lieblings-Liegestuhl mit dem Badetuch zu besetzen, hetzt zum Frühstücksbuffet, schreitet am Arm ihres Waschwarts in die geschwungene Sandwelt hinein. Mit den Gästen, die sich ihren Liegestuhl schon gesichert haben, zieht das Paar am schaumgekräuselten, palmenbestandenen Meer strandauf, strandab. Jeder trägt eine anders gemusterte und geraffte Badehose, hat das salzverklebte Haar anderswie um den Kopf gelegt. Bald ist es Zeit, sich für den Abend umzuziehen, die Anschläge an der Mitteilungswand zu lesen und durch den Speisesaal zu paradieren. Das Hotelpersonal ist jung und hübsch. Bleibt jung und hübsch. Die Hotellerie ist dem Gast im Tropenland zum Meersichtzimmer zehn Sonnenstunden, Jugend und Schönheit schuldig. Muß ihn vor Gebrechen, Häßlichkeit, Hinfälligkeit, Armut und Elend abschirmen. Es ist also anzunehmen, daß Leos Witwe und ihr Waschwart von allen Ungereimtheiten und unangenehmen Gewißheiten Ferien machen und beschließen, irgendwann dorthin zurückzukehren.

Der Ruf eines Ferienlands hängt von zwei, drei Regeln, zwei, drei Kunstgriffen ab, der Rekrutierung von hübschem, gesundem, flinkem Hotelpersonal und einer Raum- und Gartengestaltung, die dem Zeitgeschmack entspricht. Dekoration und Personal werden in Intervallen ausgewechselt. Kein Land ist so arm, daß es nur zerlumpte, schmutzige Kinder aufzuweisen hätte. Irgendwo findet sich die hübsche, satte und fröhliche Dienstware und wird zur Bedienung in Hotelpalästen zurechtgeschliffen. Zartgliedrige Landesschönheiten tragen den Fremden das Gepäck zum Aufzug, setzen ihnen einen blütengeschmückten Willkommenstrunk vor, heben Tennisbälle auf, bringen das Frühstückstablett ans Bett. Und auf einen Wink, einen Blick hin eilen sie mit der Speisekarte zum Gast, ein Lächeln im Gesicht, um danach in ihrem zur Urwalddekoration des Speisesaals passenden Kleid mit dem Hintergrund zu verschmelzen.

Nach ein paar Jahren, ein paar Nachlässigkeiten werden sie kommentarlos zurückspediert. Zusammen mit den Gedecken, der Tapete, dem Bambus und den Vögeln in den Volieren ersetzt. Eine neue, junge Servicedame löst sich, ebenso lächelnd, aus der neuen Tapetenverzierung und geht mit der neuen Speisekarte auf den alten, immer älteren, immer gebrechlicheren Stammgast zu. Bis dieser Stammgast nicht mehr reisefähig ist. Oder das Reisen nicht mehr der Zeitsehnsucht entspricht. Reiseleiter und Animatoren zurückbeordert werden, Wechselstuben, Discos, Galerien, Boutiquen, Frisiersalons schließen. Und die hübsche, noch fast unverbrauchte Dienstware in ihre Täler und Hütten zurückspediert wird.

Wenn der letzte Ballon die Krete überwunden hat, ist Kupferschmid aufgeklärt. Ernüchtert. Er ist vom Geschöpf, auf das er wartete, betrogen worden. Während er für die Frau seiner Träume ein Paradies geschaffen hat, ließ die Frau aus Fleisch und Blut zu, daß sich ein geifernder Liebhaber über sie beugte.

Sie steht noch immer im halbdunklen Raum. Überlegt, was sie mir sagen kann.

Ich halte es hier nicht mehr aus. Keinen Tag länger.

Mich hält sie nicht mehr aus. Diesen Ort. Die Leute in diesem Ort, die mit gekreuzten Armen dasitzen und zur Autobahn hinunterschauen oder durch die Dunkelheit schleichen, um durch erleuchtete Fenster zu starren.

Ich höre das Aufspringen des Kofferschlosses.

Hat sie etwas vergessen? Den Muppet-

Frosch, die Ballerinaschuhe, die Chiffontücher, die Poster, die Parfumflakons, die Adressen? Etwas, das ihr dienlich sein könnte im nächsten Leben, am nächsten Ort, wo sich die Menschen ein anderes Bild von ihr machen als hier?

Tina fuhr vorüber, ohne zu winken. Derweil Kupferschmid, unser Nachbar und Freund, ein tiefgefrorenes Keramikringlein auf einen Dauermagneten stippt und in der Schwebe rotieren läßt. Er starrt auf sein tanzendes, supraleitendes Plättchen, ohne zu bemerken, daß im Wohnblock gegenüber Seifenblasen aus einem der zahllosen Fenster aufsteigen, ohne überhaupt zu wissen, ob es gegenüber einen Wohnblock gibt. Frostweiße Scheiben schirmen ihn von der Außenwelt ab.

Er weiß auf eine Weise alles. Und nichts.

Das Mädchen läßt den Schattenhang hinter sich, Anatol.

Verschwindet. Wie der Glanz der Villa allmählich verschwand. Die früheren Besitzer, die diesen Glanz erschaffen haben, verstarben in den Baldachinbetten.

Ihre gesmokten, gerüschten, mit Fischbein verstärkten Roben wurden auf dem Estrich eingemottet. Nach Jahrzehnten von einer Nachbarin an den Körper gehalten, seufzend wieder verpackt und weitervererbt. Bis sie in den Besitz des Steinsammlers kamen. In Theres den passenden Körper fanden. Kaum hatte Theres sich in den Roben bewegen gelernt, verließ sie die Operettenkulisse. Die Kleider wurden verpackt.

Erdaoben hat Ausschau nach einem neuen Körper gehalten.

Tina nennt sich der nächste, vollkommen passende Körper. Die Robe wird aus der Mottenkiste gehoben, gelüftet, gebürstet und die Neue hineingeschnürt. Die Neue tritt vor, wendet sich im Licht. Ihr vollkommener Körper ist in blaßbraunen Taft gehüllt.

An diesem Kleid hat sich einmal ein Heer von Näherinnen die Finger zerstochen und beim Flackern der Petrolfunzeln die Augen verdorben, damit eine Herrschaft standesgemäß auf dem Mittelbalkon erscheinen und zu Leuten wie diesen Näherinnen herabwinken konnte. Dieses Auftreten, Hofhalten und Abtreten in großartigen Roben spielte sich in der Steinsammlervilla jahrhundertelang zu dem immer gleichen Gezwitscher, Geplätscher und Bäumerauschen im Park ab. Bis der letzte Vorfahr nur noch beim Anschirren des Ackergauls zuschauen konnte. Und sein Sohn den Mittelbalkon überhaupt nie mehr betritt. Nur die Vorhangdraperie ein wenig zur Seite rafft, um die Brust seiner Marmorgöttin im Park zu betrachten.

Kupferschmids Haus, einst Schandfleck des Dorfs, war nach einem halben Jahr nicht wiederzuerkennen: Ein Föhneinbruch am Karfreitag lockte Wanderer zum Hang. Sie kamen in Scharen. Begutachteten das Chalet mit seinem neuen, auf Fassadenbreite verlängerten Balkon, den Biberschwanzziegeln auf dem Dach, den Sprossenscheiben und vergrößerten Fensterlaibungen.

Die Spaziergänger lobten den Keramiker auf dem Gerüst. Danach begutachteten sie das Haus der Witwe Blum, das Eberhard- und das Gwerderhaus. Jedes hatte unter den Staubwolken des Keramikers gelitten. Schmutz haftete im Kellenwurfverputz, die Tulpen und Primeln waren von den Fuhren der Lastwagen verstaubt.

Wir haben uns nicht mehr vors Haus getraut.

Mit einer Fassadenrenovation habe man nicht gerechnet. Nicht in unserem Alter. Wer will denn auf Handwerker warten, die mit der üblichen Verzögerung, den üblichen Ausreden eintreffen, nach den üblichen Pausen pünktlich das Werkzeug niederlegen und verschwinden. Kein anderes Ziel kennen, als rasch alt zu werden und sich für ewige Ferien auf den Balkon ihrer Mietwohnung zu legen.

Am Ostersamstag beschloß Armin Gwerder, seine Fensterläden und die Haustür streichen zu lassen. Und Theo Eberhard holte am Ostermorgen sein Sparheft unter dem Tablett von Amandas japanischem Teeservice hervor.

Bald bedeckte Löwenzahn die Schattenhangwiese.

An einem Morgen führte Tina ihre jungen Hunde aus. Ihr Gönner hatte sie ihr geschenkt. Die Kleine kam von Wilimoos, das Gespann dieser Silberzottelhunde an der Leine.

Sie hat keinen gegrüßt. Sie kannte uns nicht. Auch die Gegend kannte sie nicht. Eine Spaziergängerin, eine Fremde, grußlos trippelte sie an uns vorbei.

Der Keramiker, natürlich, ist vom Gerüst geeilt. Er wirft sich vor die schenkellangen Wildlederstiefel und streichelt die Welpen. Erkundigt sich nach den Namen. Sie heißen Pippo und Peppo und wohnen irgendwo in der Richtung des ausgestreckten Arms ihrer Herrin.

Sie ließ ihr Silberlachen vernehmen. Ihr Lackmantel stand offen. Sie stellte einen Stiefel vor oder zur Seite, so daß ihr Rock oder ihr Rockersatz aus drei signalfarbenen Stretchschlingen um ihre Hüften rutschte.

Die Verführung wickelt sich ab nach einem Gesetz. Der Keramiker spricht über sein Vorhaben, seine Palmen, sein Tierparadies. Sie reicht ihm zum Abschied die Hand. Er erfährt, wie es ist, wenn eine Göttin seine Haut berührt. Und der Blitzschlag ihn trifft.

Der Steinsammler hat sich bei der Marmorfigur Trost geholt, behaupten die Nachbarn.

Die Dicke will ihn beobachtet haben.

Erdaoben spricht zu Stein. Begütigend, behutsam, warnend. Göttinnen sind so leicht zu verlocken. Unberechenbar wie der Wind. Das Aufblinken einer Scherbe genügt. Oder weniger als das. Nach dem Lärm der Schnecken, die in der Nacht ihre Häuser verschieben, klingt ein Motorrad in ihren Ohren wie Musik. Und schon sind sie der glitzernden Kaskaden überdrüssig.

Er hat die Brüste der Jagdgöttin gestreichelt. Dann sein zerbrochenes Gesicht an ihre Schulter gelegt.

Auf Umwegen kehrte die Ballerina zur Krete zurück.

Zu diesem Menschen, Anatol, der den ganzen Tag Schmucksteine von einem verdunkelten Raum in den andern trägt.

Hält der Steinsammler dich aus, habe Leo Blum das Mädchen gefragt.

Droht er dir? Was ist an dem alten Bock?

Nicht, was Leo denke, hätte die Kleine geantwortet. Er sei wie ein Vater. Wir sind wie Tochter und Vater.

Nie vergessen sie das Bild von dem Mädchen und seinem Liebhaber. Es stand mitten im Raum, träumend, die Arme um ihren Kopf gelegt. Reglos. Fern. Wie tot. Vielleicht war es nicht Tina, sondern Theres, die sie sahen, eine schmale, fahl angeflackerte Person. Ein Schatten löste die Versteinerte vom Teppich und trug sie zum Sofa. Ihre Arme fielen aufs Kissen. Mit offenen Augen lag das Mädchen da. Die Beine gestreckt, die Brust halb entblößt. An Isaak auf Abrahams Schlachtaltar erinnernd.

Anatol, es hat uns das Herz umgedreht.

Im Mai legte Frau Blum ihre Trauerkleidung ab. Sie fand, sie sei einem Narren wie Leo keine Trauer schuldig. Sie setzte sich nicht mehr zur gewohnten Minute aufs Fahrrad, um in ihr Büro zu radeln. Leos Laster tauschte sie gegen einen Kleinwagen ein. Erschien nun in weißen, sperrigen Jeans, an der Bluse standen die obersten Knöpfe offen, und eine Rosaspülung färbte ihr Haar.

Der Wind trug die Pollen aus dem Park. Der Staub überpuderte Kupferschmids schwarze Bettwäsche und die Traumhausmöbel. An ihrem Bogenfenster konnte Tina dem Neuen von Zimmer zu Zimmer folgen. Sie kontrollierte jeden seiner Schritte. Er war ahnungslos. Blind. Sie wußte, jetzt telefoniert er, kocht er, malt er mit dem Finger in die Staubfläche einen Namen, ein Herz. Ihm fehlt die Person, für die dieses Zeichen steht. Jetzt beschwört er Augen, Mund, Nase herauf. Sie ahnte, die Einzelteile setzen sich ihm nie zu einem deutlichen Gesicht zusammen. Es erzittert, wie in einem Brunnenschacht, von einem Tropfen in Stücke gesprengt. Ehe die Fläche sich glättet und der Betrachter das Gesicht erkennen, endlich sich sattsehen kann, zerbricht es unter dem Aufprall eines neuen Wassertropfens.

Jetzt setzt sich der Keramiker an den Schreibtisch. Er muß sich dem Gesicht auf Umwegen nähern. Vorgeben, ihn interessiere das Kleidungsstück der Person. Muster, Gewebe, Schnitt, ein gewisser Stoffschwung um die Hüfte. Oder die Stimme der Person, diese Flüsterstimme einer Sängerin, die, den Mikrofonkopf vor dem Mund, einen Liedtext zu hauchen beginnt.

Jetzt stemmt er das Kinn auf die Fäuste.

Er gehört mir, sagt sich die Ballerina an ihrem Bogenfenster.

Wie wir sie kennen, meinen die Ruhenden, ist das Mädchen durch die Flügeltür zum Teich hinausgetanzt.

Im Mai war der Keramiker als Liebhaber so gut wie abgehakt.

Er stürzte sich auf den Umbau. Hämmerte bis

spät in die Nacht, trieb an freien Tagen die Bohrmaschine in aller Herrgottsfrühe in seine Kellermauer.

Die Dicke wimmert, in Erinnerung an den Lärm.

Ich hätte meinen Morgenschlaf dringend benötigt.

Der Turnverein hatte Frau Eberhard gebeten, aufzutreten. Ein bunter Abend war vorgesehen. Unterhaltendes und Anspruchsvolleres, für jeden etwas. Die Turnerinnen übten einen Cancan. Der Posthalter wollte zaubern. Die Eberhard sollte singen.

Nach einer Bedenkzeit erklärte sie sich zu einem Auftritt bereit.

Ich gebe einen Abend, gab sie bekannt.

Ihre Tonleitern hallten über den Hang. Theo rückte ihren Korbstuhl vors Haus. Mit ihrem Maulwurfspelz vor Zugluft geschützt, lernte sie ihren Text, von Erika Gwerder auf Zehenspitzen mit Getränken versorgt. Die Explosion der Moto Guzzi riß sie aus ihrer Andacht heraus. Der Schlagbohrer knatterte. Der Korbstuhl bebte, und die Notenblätter auf ihren Knien zitterten.

Kupferschmid hatte Pläne. Das Neue, das Bessere, das Paradies.

Latten, Farbkübel, Steinplatten, Maschenzaunrollen bedeckten den Vorplatz. Sein Umbau nahm das Ausmaß eines Großprojektes an.

Wir wunderten uns nur, daß er den Bau nicht mit einem offiziellen Spatenstich begonnen und die Öffentlichkeit nicht über sein Vorhaben informiert hatte. In der Regionalzeitung ein Foto: Bauherr, Behördenvertreter, Architekt in einer Reihe, hemdsärmlig, lachend, auf dem Kopf einen Helm und den Fuß auf den Spaten gestellt. Die Arbeiter vom Fotografen aus dem Bild gescheucht, damit ein freies Feld zur Verfügung stehe, ein Stück unbearbeitete, ungebändigte Natur, vor dem ein Mann erst einmal die Ärmel umkrempelt und in die Hände spuckt, ehe er zum Spaten greift. Die Prominentenreihe treibt üblicherweise den Stahl lachend in den Boden. Wie von Arbeitswut gepackt.

Natürlich heben die Männer kein Milligramm Erde aus. Sie verharren, immerfort lächelnd. Bis der Fotograf seine Kamera senkt, sie den Fuß vom Stahl nehmen, Spaten und Helm einem Spanier, Portugiesen, Italiener, Türken übergeben. Während der Trax aufheulend die Erde schürft, lassen sie sich ins Autopolster fallen. Die Feier auf Kosten des Bauherrn findet in Wilimoos gewöhnlich im «Sternen» statt. Nur die Presse eilt fort. Und fristgerecht erscheint die Reportage vom Spatenstich.

Obwohl unsere Kinder mit elektronisch ferngesteuerten Baukranen und Bautraxen spielen und jedem Hundehüttenausbau ein Irrlauf durch Ämter vorausgeht, der Planer, Handwerker, Kontrollorgane beschäftigt und eine Flut von Einsprachen und Leserbriefen auslöst, stellen unsere Behördenmitglieder weiterhin den Fuß auf einen Spaten und posieren für den vertrottelten Bürger, dem sie die Wahl zu verdanken glauben. Und der Reporter lichtet sie weiterhin für einen Leser ab, von dem er annimmt, daß ihm über dem Regionalblatt jeder Sinn für Realität abhandengekommen ist.

In der Nacht schreckten die Nachbarn aus dem Schlaf, weil ein Motorrad über den Schattenhang donnerte. Sie lauschten auf das Schalten der Kupplung, in der Dunkelheit die Schlaufen seines Irrwegs nachvollziehend. Warteten auf ein Krachen, einen Feuerschein. Damit es still würde und man endlich schlafen könnte.

Am ersten Juniabend wippte Tina auf dem Lederpolster der aufgebockten Moto Guzzi, Kupferschmids zu großen Helm auf dem Kopf. Sauste durch den eingebildeten Fahrwind, die funkelnde Maschine zwischen den schwarzbestrumpften Schenkeln, ihre Arme weit über die Meßinstrumente und Chromteile gespreizt.

Von Abendsonne überkupfert. Nicht zu übersehen.

Der Keramiker nahm der jungen Reisenden den Helm ab und überreichte ihr einen Pfauenfedernstrauß.

Die Ballerina träumte von der Côte d'Azur.

Schwärmte Kupferschmid von Saint-Tropez vor. Zeit müßte man haben, Geld.

Ein Schmetterling faltete seine Flügel über ihrer Fessel. Auf einem Fuß hüpfend, rückte sie den Strumpf gerade. Für Sekunden war nur das Klacken des Absatzes auf dem Asphalt zu hören.

Sie gab sich als Sekretärin aus.

Ich finanziere damit mein Tanzstudium, Herr Kupferschmid.

Sie rieb mit Spucke ein Stäubchen vom Chrom, der Wind blätterte durch vier Fransenreihen über ihrem Apfelhintern. Kupferschmid glaubt ihr die vielfältigen und anspruchsvollen Aufgaben im Sekretariat eines älteren Herrn aufs Wort. Kann sie in ihrem kurzen Rock eine Akte für den Chef aus der untersten Rollschublade heraussuchen sehen. Sie hat ihr Büro, ihr Pult, ihren Aktenschrank, ihren Kompetenzbereich. Schlitzt Briefe auf, telefoniert leise mit der Welt und muß lächeln, wenn wieder ein Kunde die freundliche Stimme kennenlernen will.

Er muß dieses Mädchen wiedersehen. Hält es am Pfauenstrauß zurück. Sagt, daß er sie anrufen will, daß der Zufall unzuverlässig ist, daß er die Begegnung nicht dem Schicksal überlassen möchte.

Tina lächelt.

Sie wird mit den Hunden an einem schönen Tag wieder zum Schattenhang spazieren. Wann, das weiß sie nicht. Sie ist immer am Tanzen oder Maschineschreiben, fliegt vom Barren zum Pult. Hat kaum Zeit zum Atmen. Ihr Chef, der ältere Herr, mag es nicht, wenn seine Angestellte angerufen wird.

Ein aufwehender Ärmel legt ihre elfenbeinerne Armkugel bloß.

Der Keramiker nickt. Ihre Erklärungen sind nicht wichtig. Aber daß sie die Pin-up-Stellungen eines Seite-drei-Mädchens an ihm übt. Alle Register zieht, ihn beeindrucken, fesseln will. Sie, die vielleicht noch nicht gelernt hat, der Wirkung ihrer Persönlichkeit zu vertrauen und deshalb das Darbieten von Rundungen für das A und O einer Beziehung hält. Zwei, drei Posen aus Filmen und Magazinen erlernt hat, weil diese ihr als unverzichtbares Rüstzeug zu einem Frauenleben erscheinen.

Die Ballerina verspricht, sich zu melden.

Wenn ich eine freie Minute habe. Wenn ich mich von der Arbeit fortstehlen kann, vielleicht am Samstag, vielleicht erst in zwei Wochen. Ich überrasche Sie!

Die den Nachbarn überrascht hat, ja, wenn ihr sogenannter Chef sie nicht gerade badete oder Gedichte für sie rezitierte, dann ist sie hier unten aufgetaucht.

Das Gesetz des Steins ist unberechenbar. Ein Abschweifen der Äderung, ein Farbwechsel, eine Umschichtung des Nervs. Und die Figur nimmt eine andere Richtung. Eine Göttin entsteht, mir zugeneigt. Sie sagt: Ich bleibe. Und sie bleibt.

Nach Meinung der Nachbarn war Erdaoben mehr als in jedem anderen Sommer ins Studium der Jagdgöttin vertieft. Erinnerte sich mehr denn je an Theres. Rieb sich an der steinernen Göttinnenbrust die Finger wund. Verloren stand er im Zwielicht der Bäume. Samen segelten auf sein Haar. Anatol, die Bäume haben den Steinsammler unter den Keimen frischen Lebens begraben.

Er versuchte, sein Elend über der Vollkommenheit der Marmorgestalt zu vergessen. Wie manche ihre Angst wegpfeifen, ihr Grauen weglachen, mit Witzen eine unheimliche Situation verharmlosen, Verwirrendes mit Ironie in die Ferne rücken, diese unheimliche Welt auf Kinderspielzeuggröße verkleinern oder ihr Ausgeliefertsein an das Unfaßliche mit Ordnung, Sauberkeit und Planmäßigkeit zu verdecken suchen.

Die Arme um den Hals der Göttin gelegt, zermarterte er sich den Kopf. In Gedanken bei Tina, die hinter dem Bogenfenster schlief. Wassertropfen klickten wie Münzen auf die Teichfläche. Kopf oder Zahl? Er wußte, daß jede auf die Verliererseite fiel.

Er ist durch die Nacht getappt. Der Kies unter seinen Pantoffeln knirschte. Vielleicht war das Geräusch des Urinbeutels zu hören. Er ist zu seinem Museum zurückgeschlichen. Zu den Zimmerfluchten, den Welten aus Stein, den Ansprüchen und Erwartungen seiner ins Dunkel starrenden blutjungen Geliebten.

Verfolgt von einem Federnstrauß.

Man muß sich das vorstellen: die Pfauenfedern des Nebenbuhlers auf Tinas Schminkkommode. Gedankenverloren zieht die Ballerina eine Feder heraus, ihre Lippen damit streichelnd, tanzt sie auf den Steinsammler zu und dreht sich lächelnd an ihm vorbei.

Er weiß, daß sie an den Moto Guzzi-Mann denkt. Daß sie ihren Blick nicht geradeaus richtet, nur um einen Greis im Wege stehen zu sehen.

Jeder ihrer Tanzschritte ist aufs Gehen gerichtet. Bald wird sie die Villa verlassen. Ihr Lächeln täuscht. Es ist nicht für mich bestimmt. War niemals für mich bestimmt. Galt dem goldenen Zifferblatt meiner Uhr, den Wasserdiamanten auf dem Schilf, dem Armaturenbrett eines Schwertransporters, den ledergepolsterten Knierippen von Anatol Kupferschmid.

Galt allem, nur nicht mir.

Die Sessel sind ins Schattennetz der Palme geflochten. Die Ruhenden gehören zu Kupferschmids Garten. Wie die Urwaldtapete zum Ferienhotel der Frau Blum gehört. Und ein Gigolo vor azurblaues Meer.

Von Zeit zu Zeit greift eine der vier Personen in die Schale und wirft sich Nüsse in den Mund. Ein Taxi, das vorüberbraust, widerspricht der Ordnung dieser Nachmittage.

Als Efeugeranien am Balkon blühten, ging Tina der Moto Guzzi entgegen.

Sie will den Neuen haben. Sie hat es so bestimmt.

Es ist ganz einfach, Tina erscheint, kommt auf ihn zu, aus dem Nichts, die Abendsonne im Rücken, am Kleid einen schwankenden Fransensaum. Kupferschmid lenkt das Motorrad zur Tankstelle, versenkt, ohne nachzudenken, den Benzinschlauch im Tank. Sie zeigt sich über die Begegnung überrascht. Zufällig hat sie eine freie

Stunde und ist zur Tankstelle spaziert, zufällig zur selben Zeit, da er sich auf dem Heimweg befand.

Eine wie sie legt keine Tellereisen und Leimruten aus. Sie wippt auf hohen Absätzen, stellt bald diesen, bald den andern Fuß vor, mal trippelt sie ein Stück hinter den zerrenden Hunden her, mal dreht sie sich und verwickelt sich in die Leinen der spielenden Hunde. Und immer spiegeln ihre Ohrringe den apfelgrün-dottergelben Signalstreifen am Tankstellendach.

Tina bringt das Gespräch auf die Hunde, auf ihr großes, weites Herz für Kuscheltiere. Und daß Pippo und Peppo ein Geschenk von jemandem sind, der Tina sehr gut kenne, sehr gut leiden möge.

Einem Mann?

Kupferschmid beugt sich über die Hunde. Der größere kläfft gegen den Motorradstiefel. Sofort springt der kleinere mit einem Wutgeheul in die Luft und prallt am kurzen Lederband auf die Stöckelschuhe seiner Herrin zurück.

Sozusagen, gibt Tina lächelnd zur Antwort. Es gibt da einen Mann, der sie mag. Aber bei unserem Altersunterschied, fügt sie bei, herrscht ein Verhältnis von Tochter zu Vater.

Kupferschmid verhält sich wunschgemäß. Beharrt auf einem Wiedersehen. Tina zögert das

Versprechen hinaus, schwankt, prüft, wägt ab, die Hundeleinen schrauben ihr Kleid straff um ihre Hüfte, der Luftzug einer überholenden Radfahrergruppe verwirbelt ihr Haar.

Ihr Augenschlag. Ihr Ja. Und mit einem winzigen, goldenen Kugelschreiber schreibt Tina Namen, Tag und Stunde in einen Taschenkalender.

Kupferschmid hat nun in der Tina-Ordnung sein Zeichen. Ist ein weiterer Name. Zwischen Menstruationskreuzen, Ballettstunden und Zahnarzttermin ein weiterer belegter Tag.

Die Witwe Blum habe das Paar bei der Tankstelle beobachtet.

Ihr Auto wurde abgespritzt, auf dem Förderband des Waschtunnels plaziert. Bis sie den Zusammenhang zwischen Tina und dem neuen Nachbarn begriff, waren acht Bürsten darüber gerollt.

Die Ballerina verdreht Herrn Kupferschmid den Kopf, habe sie Eberhards erzählt. Selbst dieser feine, studierte Mann falle auf die kleine Hexe herein.

Die Stimme der Witwe war heiser vor Enttäuschung gewesen. Die Witwe mußte ihre Hoffnungen vom Waschwart auf den Wissenschaftler gerichtet haben. Und Tina hatte ihr einen Strich durch die Rechnung gemacht.

Man muß sich das vor Augen führen, die Witwe am Autowaschtunnel, stumm, während ihr Kartenhaus zusammenfällt. Sie vergaß, ihre Münze in den Staubsauger-Automaten zu stekken. Der Waschwart drückte ihr das laufende Saugrohr in die Hand. Aber sie starrte zur Benzinzapfsäule. Geißelte sich mit dem Anblick des Paars. Fügte sich die Qualen um Leo noch einmal zu. Rief sich die schönste Zeit ihres Lebens ins Gedächtnis. Ihre Fahrt über den Gotthardpaß im ersten eigenen Laster, das träge Schaben der Scheibenwischer über die vereiste Scheibe. Leo lachte. Man wartete auf Zollstempel. Aber Leo lachte.

Dieses Lachen ist auf dem Totenbild festgehalten. Leo lacht aus der Führerkabine seines Lastwagens heraus. Sein Blick ist auf einen Punkt hinter der Fotografierenden gerichtet. Tina wird dort gestanden und die applizierten Pistazien-Eiskugeln auf ihrem Sweatshirt in die Luft gereckt haben.

In ihren schneeweißen Jeans warf sich die Witwe ins Auto und fuhr mit kreischenden Reifen aus der Tankstellen-Ausfahrt. Riß zu Hause Leos Karabiner vom Wandhaken und schoß.

Oder hat sie nicht eine Pistole benützt?

Amanda Eberhard versichert, daß es ein Karabiner war. Ein gewaltiges, durch das offene Fenster in ihr Zimmer gerichtetes Rohr. Mit einem Schrei habe sie ihre Haarbürste fallen lassen, sich aber nicht von der Spiegelkommode fortzubewegen vermocht.

Theo bestätigt, daß Amanda im Unterrock auf dem Flaumhocker gesessen sei, in Schußlinie, schreiend, die Arme vor der Brust gekreuzt. Er habe seine Frau aus dem Fensterausschnitt gezerrt. Dann splitterte Glas.

Eine Woche vor dem Turnerfest war Frau Eberhard ein Nervenbündel. Das bunte Programm in Gefahr. Sie hielt die Schüsse für ein Unglückszeichen. Ihr Mann mußte sie vom Gegenteil überzeugen.

Er brach den Opferstock für die Orgelkollekte auf, setzte sich mit seiner Frau in den Regionalbus. Mit dem Frühzug reiste das Paar nach Campione.

Ich wollte immer schon in eine Spielhölle, erinnert sich Theo Eberhard.

Noch heute sehe er seine Chipstürme auf dem grünen Filz des Spieltischs. Die ersten Runden ließ er verstreichen. Dann warf er drei Chips auf Rouge, Impair und Zahl. Er gewann drei Chips.

In der Pause beobachtete er die andern Spieler. Manche erhoben sich, uninteressiert, gelangweilt, wanderten umher, während die Roulettekugel rollte, waren aber immer zur Stelle, um ihren Gewinn einzustreichen. Theo sah eine

Juwelenklaue, die ihren Chipsturm auf Zahl plazierte und das Vielfache gewann. Mit der Genauigkeit von Robotergreifern wieder ein paar Chips auf eine Zahl fallen ließ. Wieder gewann. Wieder plazierte. Und in dem Moment, da Theo Eberhard locker aus dem Handgelenk die ganze Orgelkollekte bei Mettez vos jeux aufs Feld der Klaue setzte, bei Rien ne va plus sich erhob, einmal um den Spieltisch kreiste und an seinem Platz stand, als der Croupier Chipstürme einstrich, nicht mehr gewann.

Er träume noch heute von der kleinen Schaufel, die blitzschnell die neue Orgel von Wilimoos für die Spielbank einheimste.

Der Turnerabend stand unter einem schlechten Stern.

Das Ereignis war angekündigt, der Auftritt rückte näher. Die Neugierigen strömten nach Wilimoos. Die vordersten Spielplätze waren für Amandas Nachbarn und Freunde mit Programmen belegt. Der Saal war bis auf den letzten Platz besetzt.

Der Securitaswächter löschte die Lichter, Gehüstel und Scharren, der Bühnenvorhang glitt zur Seite. Und die Sängerin erschien. Mit erhobenen Armen trat sie ins Scheinwerferlicht. Amanda Eberhard, ruhig, fast abgeklärt, kaum wiederzuerkennen im schräggestuften, gerüschten Tupfenkleid der Carmen. Sie hatte den Spitzenschleier über den Steckkamm geworfen, Haarkringel klebten an der Schläfe, Messingohrringe pendelten, und eine Kamelienblüte zierte ihren Hals. Die Füße in hochhackige Schuhe gezwängt, trippelte sie hüstelnd zur Rampe.

Im Hintergrund die Kulisse einer Ruine. Erste Takte auf dem Klavier, das leise Zupfen der Gitarre, das Rasseln eines Tambourins. Und dann begann Carmen ihren Absatz auf die Bühnenbretter zu hämmern, schwang am gespreizten Ringfinger ein Organzatuch und erhob ihre Stimme.

Wir haben uns an die Sitze geklammert.

Carmen schrie in den Saal, spitz und gellend, ihr Rock wischte über die Bühnenbretter. Sie wankte zur Pappsäule, rang sich kreischend die Brust. Manche hielten sich die Ohren zu. Jemand pfiff.

Wir auf den Ehrenplätzen gelähmt vor Schreck.

Diese schwankende, gepunktete Erscheinung, eine Nachbarin und Freundin, war aus dem verblichenen Samt des «Sternens» getreten, um für die Banausen von Wilimoos zu singen, schmettern, tremolieren. Wurde zum Dank nun ausgepfiffen, beleidigt, im Sudelheft eines

Korrespondenten notiert. Aber sie sang. Sie schrie, bis es hell wurde im Saal.

Die Rüschen sanken an Carmen herab. Sie stand da, geblendet vom Licht, die Arme zum schreienden, stampfenden Publikum gehoben, ungläubig und starr, nur die Kamelie an ihrem Hals pochte, und ein Volant hob sich bebend im Wind des Frischluftgebläses.

Wir haben wie die Wahnsinnigen geklatscht. Uns klatschend von den Ehrenplätzen erhoben. Eine stehende Ovation. Der Saal schrie nach der Cancangruppe der Turnerinnen. Der erste Bierteller flog auf die Bühne. Der Samtvorhang fiel über Carmen.

Der Neue weiß nichts von den Vorgängen in Wilimoos.

Ist erfüllt von einem Wort. Vier Buchstaben, ein Name, eine Erschütterung, unfaßbarer noch als die Linien in einem Stein.

Ein Jadebrocken kann zugeschliffen werden. Ich kann die Figur vor mich hinstellen. Eine Göttin, ein Mädchen im kannelierten Gewand, eine sitzende Gruppe. Ich kann jede Person mit anderen Fähigkeiten und Gefühlen ausstatten.

Das Drahtknäuel unter dem Tisch beginnt sein Silbergarn abzuwickeln. Und die Figuren reden und gestikulieren, als gelte es, die Geschichte vom Irrlauf durch das schöne und armselige Leben rasch hinter sich zu bringen, wieder zur Schmucksteinfigur zu erstarren.

Die Ruhenden sind unlösbar mit ihrem Tropenparadies verwoben. Wie Teile einer balinesischen Malerei, die sich aus Geistwesen, Blattwerk, Geschöpfen und Menschenwerk zusammensetzt. Ein einziges Muster.

Das Bild mag an einer Stelle einen Riß aufweisen. Auch der Riß gehört zum Muster. Selbst ein Riß. Man könnte ihn für Hirnwindungen halten. Es ist ein Gewässer und entspringt zwei gekrönten Schlangen, stürzt über Terrassen, schlängelt sich durchs Flechtmuster der Pflanzen, Geschöpfe und Ornamente. Ein geschmückter Mann winkelt seinen Arm aus dem Blattwerk zum Kopf einer im Wasser knienden Frau herab. Dieser Arm hält das Flechtwerk über dem Riß zusammen.

Sicher liegt dieser Anordnung von Pflanzen, Geistern, Geschöpfen und den Kunstwerken dieser Geschöpfe eine Idee zugrunde. Aber der Betrachter ist es gewohnt, die Dinge in ihre Einzelheiten zu zerlegen, alles gesondert und ohne einen umfassenden Zusammenhang zu sehen. Er ist von der undurchdringlichen Verflechtung dieser Bilder erschreckt und hat keine Erklärung dafür. Vielleicht gibt es keine Erklärung. Er muß nur sehen, wie Schön und Häßlich, Lebendes und Gewerktes, Einzelnes und Verworrenes, Riß und Glätte sich zu einem einzigen, unzertrennlichen Muster zusammenfügen.

Dösend, plaudernd, strickend bringen die Paare ihre Nachmittage hin. Der Pfau spreizt sein Gefieder. Und der balzende Täuberich hüpft flügelschlagend auf die Taube, erledigt mit zwei, drei Krallentritten in ihr Gefieder seinen Begattungsakt.

Und immer wird die Senke durchrollt. Immer liegt Dunst über der Landschaft.

Die blendend hellen Sessel sind für die Ewigkeit unter die Palme plaziert. Die vier Personen sind da, wenn Kupferschmid nach Hause zurückkehrt. Er sieht sie auf seinem Sitzplatz und weiß, daß sie immer da sein werden.

Mein Abend gehört ihnen. Alle Abende. Die Luft, die ich atme, gehört ihnen. Und mein Traum gehört ihnen.

3

Sie hebt ihr Gepäck wieder auf.

Zu schön, um hier zu verwelken. Sie muß sich umsehen in der Welt, unterwegs sein, wie mit Leo Blum. Die Côte d'Azur, Inseln, Kontinente. Es gibt soviel kennenzulernen. Soviele Richtungen.

Ein frischer Duft. Andere Musik. Ein neuer Tanz.

Ich bin nicht deine Gefangene.

Sie mußte mir ihre bizarren Einfälle und überraschenden Handlungen nie erklären. Hat das Aufheben des Steins sie überrascht? Daß ich verletzen könnte, die töten könnte, die ich auf meinen Armen trug?

Sie zerrt am Reißverschluß. Schließt die Tasche. Oder öffnet sie, weil ihr Blick auf die Sammlung gefallen ist. Und sich für eine Kostbarkeit in ihrem Gepäck immer ein Platz findet.

Ja, sie hat etwas vergessen. Packt noch ein Andenken an mich ein. Es gibt in Nirgendwo eine Person, die es mit einem Stück aus seiner Sammlung zu verdeutlichen gilt.

Was bringt diese Schmuckfigur auf dem Markt?

Eine Ziffer möchte sie hören, eine Zahl, verkaufen will sie, versilbern. Aber nicht zu jedem Preis, denn sie verschenkt nichts.

Die Figur ist ein Meisterwerk der Steinschneidekunst. Jede Schmucksteinfigur ist etwas Einmaliges. Nicht einmal der Schleifer kann sein Werk wiederholen. Der Wert liegt nicht im Material, sondern im mehr oder weniger gelungenen Zusammenspiel von Material und Idee. Der Schleifer liest den Stein, folgt der Musterung, komponiert aus der Struktur eine Form. Er schleift seine Idee aus dem Eigenleben des Steins heraus. Das Werk entspricht seiner Art zu sehen, zu begreifen und die Dinge zu verknüpfen.

Aber das interessiert die Gehende nicht. Der Preis interessiert sie. In welcher Wertkategorie sich der Gegenstand bewegt, was man dafür bekommt, welchen Tauschwert er hat.

Sie wickelt den Paradiesvogel auf ihren Knien in ein Kleid. Er scheint sich aus seinem tropfenden Regenwald ins Fangnetz verirrt zu haben.

Wenn ich den Vogel betrachte, bin ich im Wald. Höre die Laute fallender Bäume und flüchtender Tiere. Ich lebe von Wurzeln und Beeren, schlage mich durch Sümpfe, marschiere ohne den Wunsch, irgendwo anzukommen, durch ein endloses, duftendes, tödliches Blättermeer. Nicht zu vergleichen mit dem Paradies von Kupferschmid.

Der Vogel berührt den Sockel mit vorgereckten Klauen, täuscht ewige Rückkehr vor. Aber er wird kein Nest bauen, kein Revier verteidigen und keine Jungen aufziehen. Nie eine Melodie. Nie ein Aufschwung in den Himmel. Er kommt immer nur an. Es ist seine Bestimmung, mit Silberbeinen den Stein zu berühren. Es ist seine Bestimmung, Bleibendes darzustellen. Er hat den zu trösten, der dem Zyklus von Entstehen und Vergehen ausgeliefert ist. Nun, da die Göttin geht und die Tage mit ihr der Vergangenheit angehören.

Die Palmfächer rauschen auf. Ein Luftzug wirbelt Federn über den Garten. Nach seiner Rückkehr wird Kupferschmid diesen Schorf von seinem unkrautfreien Rasen entfernen. Erst dann wird er sich zu den Nachbarn setzen.

Er wird die Unglücksbotschaft vor gleichmäßig grüner, sauber geschorener Rasenfläche empfangen. Der Abendwind wird den ersten Ballon gegen den Hang treiben, mehr und mehr Ballone lösen sich von der Farblosigkeit der Ebene ab, schweben als schwerelose Tränen am Himmel dahin und trocknen langsam ein.

Tina wird ihren Fuß nie mehr in das Tropenparadies setzen. Die Göttin ist herausgeschritten aus seinem Bild. Ohne im Flechtwerk der Wurzeln, Blätter, Ornamente, Blüten, Masken und Tiere eine Lücke zu hinterlassen. Ohne auch nur die Andeutung einer Lücke zu hinterlassen.

Seine Sessel sind von anderen besetzt. Den Menschen, die zu ihm gehören, mit denen er den lauen Abend teilt, die handgemalten Mokkatassen, die Geschichten, die Erinnerungen oder deren Reste, die sich wie in einem Kaleidoskop mit jedem Wurf zu einem anderen Bild zusammenfügen.

Tina sei gegangen. Und es sei gut. Für alle das beste.

Kupferschmids Nachbarn lassen nicht zu, daß er sich über die Kleine Illusionen macht.

Sie hat nicht nur ihre Toilettensachen gepackt, sie hat alles Wertvolle mitgenommen. Die ganze Steinsammlung. Was von Wert war, wikkelte sie in ein Wäschestück.

Eberhards und Gwerders versuchen, sich an einzelne Skulpturen zu erinnern. Es gab so viele. Die Vitrine war übervoll, und die Simse und Tischchen überstellt. Man hatte Mühe, in dieser Fülle eine einzelne Figur zu erkennen. Da gab es den Türkiskanari, die Onyxschwalbe, den

Tigeraugenuhu, den Opalkolibri. Auf dem Nischentisch stand ein Alabasterpelikan. Und auf dem Salontisch ein Elefant aus Obsidian. Oder ein Wasservogel? Ja, die Ente mit dem weißen Halsring aus Zelistin und Jaspis stand da. An sie erinnere man sich. Amanda nannte sie Theo. Die Ente hatte Ähnlichkeit mit ihrem Mann Theo. Mit einem gelbgeränderten Auge fixierte sie etwas nicht Sichtbares vor ihren Schwimmfüßen.

Breitbeinig stand sie auf ihrer gekörnten Steinunterlage, des Gleichgewichts wegen etwas hinübergelehnt. Im Augenblick der Leere erstarrt. Ehe ihr klargeworden war, was sie in den Steinsplittern zu finden hoffte. Ob es sich gelohnt hatte, dafür ihr Element zu verlassen.

Sie ist angekommen und versteinert. Das vollendete Bild sinnloser Mühe.

Die Ente Theo stand auf dem Salontisch, dem Steinsammler vor Augen. Vielleicht bedeutete es ihm Trost, daß in dieser kreisenden Welt eine Bruchteilsekunde aus dem Zeitenlauf herausgehoben werden kann. Daß ein Augenblick, wenn auch ein belangloser, in einem Werk bewahrt werden kann. Daß der Mensch dem Sinnlosen durch seine Arbeit Bedeutung verleihen kann.

An diesem Nachmittag hat der Steinsammler mehr Leidenschaft denn je für die Werke der Schleifkunst empfunden.

Tina raffte zusammen, was es zu raffen gab. Möglicherweise nahm sie auch aus Kupferschmids Haushalt einige Andenken mit.

Deine handbemalten Mokkatassen, Anatol! Ohne zu fragen.

In einem Wirbel von Staub ist Tina hinter der Wegbiegung verschwunden.

Ohne Abschied, Anatol, ohne den Kopf zu wenden oder dir eine Nachricht zu hinterlassen.

Die Nachbarn entdecken im Reden, was ihre Augen nie gesehen haben. Wie Blinde ein feineres Gehör entwickeln und Gehörlose Schwingungen über ihre Haut erkennen, schleift die Beschäftigung mit kleinen und kleinsten Dingen die Bewohner am Ende von Nirgendwo zu Wahrnehmungsinstrumenten, zu Betrachtern des Unsichtbaren.

Sie beschreiben, wie Tina unter dem Gewicht ihrer Gepäckstücke wankte. Und der Steinsammler sah zu.

Erdaoben hat seiner Ausplünderung zugesehen, Anatol. Oder eher darüber hinweggesehen. Ohne sich zu rühren. Ohne ein Wort.

Das Mädchen mußte seinen Liebhaber für eine Figur aus dieser Sammlung halten. Wie Paare sich mit den Jahren ähnlich werden, sich zu einem Leib und einer Seele vereinen, so hat auch der Mann sich bei seiner Beschäftigung mit den Steinen allmählich in eine Schmuckfigur verwandelt.

Das Zucken des Lids und das Klacken der Schlappe gegen die nackte Ferse erinnerten die Packende von Zeit zu Zeit, daß dieser Körper noch lebt, die Sinne funktionieren und eine geknickte Pfauenfeder auf dem Ornament des Teppichs registrieren. Daß in diesem versteinerten Körper ein Geist begreift: Die Feder hat ausgedient.

Für einen Moment richtet der Steinsammler sich in den Kissen auf. Er sagt den Satz der letzten Hoffnung.

Ich besitze noch ein paar Werte. Ich kann das Haus verkaufen. Dir etwas bieten. Das Sportkabriolett, das du immer wolltest, ich schenke es dir.

Vielleicht versucht er gar, die Vorüberhastende festzuhalten. Sie aber schlägt den Kimonoärmel mit einem Ballettschuh beiseite.

Die Sessellehnen werden wieder hochgestellt.

Viel ist zu bedenken. Unzählige Geschehnisse, die man bemerkt hat, aber nicht begriff. Man verschenkt das halbe Leben. Schwimmt auf seiner Palminsel durch den Dunst. Wartet auf das Besondere. Was immer das sein mag. Vergißt, daß uns nichts Besonderes zusteht.

Niemandem. Dieser Tag steht uns zu. Mit diesem Tag muß man zu Rande kommen. Das Alltägliche ist das Überraschende. Man muß es nur sehen. Man staunt, welche Welt sich öffnen kann, mit einem einzigen Blick.

Frau Eberhard erinnert sich an einen hellen Fleck auf der Tapete. Er stammt von einem Plakat. Theres war es müde geworden, ein Idol anzuschauen, das im Sturmschritt auf ihr Zimmer zuschritt, ohne je darin anzukommen und das Geringste für sie zu ändern, und riß das Plakat von der Wand.

Die Geblümte wird weinen. Der Hagere greift nach der Hand seiner Nachbarin. Die Wolle für Anatol Kupferschmids Socke wickelt sich vom Knäuel. Früher hat Frau Eberhard ausschließlich für Theres gestrickt. Die kompliziertesten Muster. Theres hat das Gestrickte nie getragen. Von Dank keine Rede. Sie zog es vor, in Jacken aus Fallschirmseide zu frieren, verschwendete das Taschengeld für Buttons. Ihren Ehrgeiz verwendete sie auf ihre Jeans. Bügelte Flicken auf und schnitt Löcher hinein, die sie wie ein bewimpertes Auge aufschlagen, blinzeln lassen und schließen konnte.

Dreimal hat Theres neu angefangen.

Im einen Leben schlug ihr Herz für Tiere, Bedürftige, Geschädigte, Notleidende und den Häuptling Seattle, im andern für Flüge der Business Class, Meißner-Porzellan, Kleider von Armani, Electric-Boogie, Lacoste-Leibchen, Gucci-Taschen und Videoclips. Im gegenwärtigen klopft sie vielleicht mit dem Löffel an eine Kaffeetasse und übt sich in freier Rede. Oder sie legt irgendeinem armen Teufel die Hand aufs Sonnengeflecht, horcht in sein Inneres hinein. Wer bist du? Was denkst du? Ein Selbstsüchtiger bist du, nur Sex im Kopf. Und macht sich ans Auslichten dieses von Brunftschreien erschütterten Labyrinths. Etwas gibt Theres dieses Recht, die Erfahrung ihrer drei Leben, die schönen Tage, die lange Zukunft. Sie hat sich die Schleifung eines Rohdiamanten zur Aufgabe gemacht und setzt nun bei jeder Gelegenheit ihre winzigen Werkzeuge an, damit der Diamant vielfach gebrochen in Spektralfarben der Welt entgegenglühe. Als ein Schmuckstück an Theres' Hals. Der Kohinoor ihres Lebens. Wenn der arme Kerl endlich am Einschlafen ist, krümmt sie ein Bein über seinen Bauch und erwartet das Zusammenwirken ihrer beider Anima.

Vielleicht bereitet sie sich auch schon auf ihr fünftes Leben vor. Ihre Eltern haben nichts mehr von ihr gehört.

Was habe ich bei der Erziehung von Theres falsch gemacht? fragt die Dicke. Mit sechzehn eine Stimme aus Gold. Mit siebzehn ein lebendes Gemälde. Mit achtzehn schlug sie als Cancantänzerin auf der Dorfbühne das Rad und verschwand.

Niemand antwortet, niemand widerspricht. Ihr Mann hält die Hand seiner geblümten Nachbarin. Diese macht keinen Versuch, ihre Finger wegzuziehen.

Es gab Zeiten, da konnten Eltern ihre Kinder mit sauber frisiertem Haar und polierten Schuhen für den Sonntagsspaziergang bei der Hand nehmen. Damals lernte ein Mädchen, zwischen Unentbehrlichem und Unmäßigem eine Grenze ziehen.

Der Sessel der Dicken klappt zurück. Liegend strickt sie Ferse und Käppchen. Plötzlich saust die Lehne in die Höhe. Frau Eberhard ist eingefallen, warum sie Theo anstelle ihres Hamburger Zimmermanns geheiratet hat.

Warum ich von allen interessanten und wunderbar lasterhaften Männern der Welt ausgerechnet Theo genommen habe. Er hat zu ihrem Pflichtpensum gehört. Sie beugt sich aus dem Sessel und spießt mit der Stricknadel eine Schnecke auf. Ihre schweren Altsilberketten stürzen rasselnd aus dem Ausschnitt. Sie hält sich die Nadelspitze mit der geplatzten Schnecke vor Augen.

Vierzig Ehejahre hat ihr Mann sich pünktlich

an die Orgel gesetzt. Ein einziges Mal ist er über sich hinausgewachsen. Und dieses einzige Mal hat er im Roulette alles verloren.

Das Schleimgekörse sinkt langsam an der Stricknadel herab. Sie schwenkt die Stricknadel im Brunnen, der Wasserschoß teilt sich an der Nadelspitze.

Starke Menschen ziehen Versager an, erklärt die Dicke, wischt die Stricknadel an ihrem Schenkel ab und lehnt sich im Kissen zurück.

An warmen Tagen hängt der Schlammgeruch des Abwassersammlers über der Waschstraße. Manchmal weht ein Lufthauch diesen Geruch zum Schattenhang.

Tina haßte Gestank. Armin Gwerder mußte jeden Freitag mit geschlossenen Autoscheiben von der Ballettschule zum Schattenhang fahren. Tina malte Zeichen auf das staubige Fenster. Mit diesen Zeichen vor der Nase fuhr der Teppichleger herum, bis Tina sie verwischte und die neue Botschaft für den neuen Freitag auf die Scheibe schrieb.

Die Geblümte richtet ihre geröteten Augen auf die Glatze des Mannes.

Auch du warst in den Fängen der Balletteuse!

Der Nudelwettkampf im vorletzten Sommer fällt ihnen ein. Das Dorf wollte einen Wilimooser im Guiness-Buch der Rekorde aufgenommen sehen. Einen Hiesigen. Einen Einzigen, verewigt in dem berühmten Buch. Das Publikum sollte die Nudellänge schätzen, die unser Weltmeister auswalzen würde. Ein Sportkabriolett war zu gewinnen. Das feuerrote Kabrio, das Tina sich immer schon gewünscht hatte.

Armin Gwerder erklärte sich bereit, für die Wilimooser diese weltlängste Nudel zu walzen.

Am Freitag malte Tina die Zahl 880.25 aufs Autofenster. Acht Tage später wurde die Zahl durch eine Reihe Ausrufezeichen und ein Herz ergänzt. Die Merkzeichen blieben bis zum Nudelwettkampf auf der Autoscheibe stehen.

Die Sonne ist zu einer blendenden, konturlosen Fläche zerronnen. Ihre Bewegung ist kaum zu erkennen. Als hätte die Erde sich seit dem Ereignis nicht weitergedreht. Würde sich nie mehr drehen, Kupferschmid nie nach Hause zurückkehren, nie die Geschichten seiner Nachbarn vernehmen.

Was denkt sich ein junger Waschwart, der neben einer alternden Frau aufs Meer hinausschaut? Er denkt nicht an die Bikinimädchen. Im Geist zählt er die Motorhauben und Radaufhängungen, auf die er in den nächsten fünfunddreißig Jahren seine Schlauchdüse richten wird. Achtzig Fahrzeuge durchlaufen die Anlage in der Stunde. Die Nylonbürsten zerspleißen am Autoblech. Manchmal rammt ein Fahrzeug die Anlage, eine Bürste springt aus der Halterung, der Waschwart muß die schwere Bürste hochhieven und einklinken. Nach acht Jahren wird die verrostete Anlage verschrottet, eine neue Anlage in den gekachelten Tunnel eingebaut. Ihre mintgrünen und himbeerroten Nylonfransen drehen sich in einer Spirale über den Autohauben. Zerspleißen, müssen wieder ausgewechselt werden. Nur der Waschwart ist immer derselbe. Ölt, reinigt und klinkt ein.

Daran muß er denken. An die vier, fünf Waschanlagen, die er in Wilimoos sich in Schrott verwandeln sieht.

Er weiß, warum er seinen Arm um Leos wohlhabende Witwe legt.

Wir müssen nicht verreisen, wie die Witwe. Nicht anderswo suchen, was wir hier nicht gefunden haben.

Ein paar Schritte. Und wir sind im Paradies.

Die Ruhenden werden nicht im Schlaf bestohlen, müssen keine Trinkgelder geben, nicht um ihren Liegestuhl kämpfen. Die Füße im Blumenschaum, betrachten sie den Vorbeizug der Völker.

Lebenskünstler, nennt Kupferschmid seine Nachbarn. Leute, die aus dem Autobahnstück in ihrem abgasvergifteten Blickfeld Vergnügen schöpfen, betrachtet er als Lebenskünstler.

Das gefällt den Nachbarn. Sie sind gerne Lebenskünstler. Der Hagere zeigt allen Spaziergängern seinen Notizblock. Er ist mit Strichen bedeckt. Ohne die Autobahn im Taleinschnitt wäre der Ausblick öd. Hoher Ozonwert oder nicht, die Menschheit packt den Freizeitsarg aufs Autodach, koppelt den Anhänger mit dem Boot, dem Segelflugzeug, dem Pferd an das Auto, schnallt sich ins Polster und fährt in Richtung des angezeichneten Ziels. Millionen Menschen mit Sack und Pack. Einmal in dieser Hälfte der Erde, einmal in der anderen.

Vielleicht sind die Katastrophenmeldungen Phantasieausgeburten von Leuten wie Kupferschmid, die sich in fensterlosen, keimfreien Laboratorien mit schwebenden Plättchen beschäftigen. Sie stieren auf Apparaturen, Bildschirme, Röhren und Tropfenzähler, und die übrige Welt ist ihnen ein Rätsel.

Wir, die wir hier sitzen, sind ein Rätsel. Fünf Milliarden Menschen sind ein Rätsel. Die Natur kennen sie als chemische Formel. Erleben den blauen Planeten in Horrorvisionen. Erschrecken uns mit ihren Berichten. Und sind überrascht, wenn man ihnen den Rücken zudreht. Dem Tag zuwendet. Dingen, die da sind zum Betrachten, Greifen, Kaufen.

Die vier möchten nicht mit den Fahrern tauschen, die in ihrem Kunststoffsitz, das Luftgebläse zwischen die Beine gerichtet und die Ohren vor dem Wimmern der Kinder verschlossen, vorüberziehen.

Wilimoos gibt es auf ihren Straßenkarten nicht. Diese Landschaft prägt sich in ihrem Gedächtnis als Autobahnstrich ein, als ein Kilometerpunkt auf ihrem Weg. Sie passieren den Abschnitt, den Fuß auf dem Gaspedal und im Kopf ein Paradies, das sich von Kupferschmids Palmengarten kaum unterscheidet, aber sehr viel teurer, greller, lärmiger und vermutlich sehr viel verlogener ist.

Es ist zum Lachen, Menschen, die nie von Wilimoos gehört haben, verausgaben sich auf diesem Zwischenstück. In wenigen Wochen fahren sie dieselbe Strecke zurück. Wenn man überlegt, Nachbar, der Mensch, das vernunftbegabte Geschöpf, an das Leibniz geglaubt hat, mein Gott, wenn man nachdenkt.

So reden sie. Und verstummen, das Gesicht zur Senke.

Manchmal machen die Nachbarn einen Ausflug mit dem Autocar. Hinten auf der durchgehenden Sitzbank, die Mitreisenden vor Augen. Über die Lautsprecheranlage gibt der Reiseleiter Erklärungen zu den historischen Gebäuden und Besonderheiten am Weg. Im Zweistundentakt strömen die Reisenden zu den Toilettenanlagen an der Fahrbahn und trinken Kaffee.

Rheumadecken lassen sie sich keine aufschwatzen, packen die Werbegeschenke in ihre Tasche und schauen beharrlich am Bestellblock des Verkäufers vorbei. Schwatzend und lachend arbeiten sie sich durch den Mittelgang ihres Cars von Lehne zu Lehne, lassen sich auf der hintersten Sitzbank mit Tasche und Kamera seufzend ins Polster fallen, bereit, die Schönheiten der Landschaft zu bewundern, den Kopf nach links und nach rechts zu wenden.

Der Motorenlärm schläfert ein. Mit der Schlingerbewegung rollen die Köpfe übers Nackenpolster. Bis die baumelnde Hand des Hageren die Filmkamera rammt. Sein Zusammenzucken auf dem durchgehenden Sitzpolster seine Frau aufschreckt, diese beim Griff nach der Handtasche Frau Gwerder weckt, jene hastig den Blumenstrauß am Kragen ordnet und dadurch den Glatzkopf aus dem Schlaf schnellen läßt. Alle vier schauen mit geblendeten, rotränderten Augen verwundert aus dem Fenster in das andere Licht, die klareren Farben einer anderen Landschaft.

Der Keramiker hat es sich schön vorgestellt, mit einer Frau unter einer Millefiorilampe im Palmengarten zu schweigen, während Musik aus der offenen Tür des Chalets erklingt.

Mit einem halben Dutzend Joghurtbecher unter dem Arm ist er langsam durch den ersten Sommer in Wilimoos gerollt. An jeder Ecke konnte er auf Tina stoßen. Er machte seine Schlaufe zur Krete und nutzte den Platz vor dem Parktor, um Ausschau zu halten. Danach fuhr er mit abgeschaltetem Motor zum Chalet zurück.

Im Dorf kennt man ihn nur in Motorradmontur. Selbst zum Nudelwettkampf ist er in diesem Lederanzug aufgetaucht.

Er stapfte mit steifen, gepolsterten Kniegelenken zum Gepauke des Orchestrions durch die Budenstadt, den Helm unter dem Arm und eine Zuckermandeltüte in der Faust. Ein Kunstfahrer, der auf seinen Sprung durch brennende Reifen wartet, der das Aufkreischen der Menge gewohnt ist, den Applaus, der im Tingeltangel lebt, nach dem Verlöschen der Glühlampengirlanden mit seiner Maschine und dem Wagenmaterial zu einem anderen Fest transportiert wird. Und weiterzieht. Bis dieses Spiel mit dem Leben vor den Augen eines aufkreischenden Publikums zu Ende kommt, möglicherweise an einem so unbedeutenden Ort wie Wilimoos.

Die Bewohner strömten zum Festplatz. Der Nudelwettkampf zog Besucher aus dem ganzen

Wiggertal an. Ein Rechteck war mit Seilen als Kampfring bezeichnet. Wettbewerbsformulare wurden verkauft. Manche erwarben sie bündelweise, schrieben in jedes Formular eine andere Zahl.

Tina kaufte ein einziges Formular, setzte auf eine einzige Zahl.

Das Ehepaar Gwerder stand schon im Ring. Armin mit zurückgekrempelten Ärmeln. Erika die Teigschüssel im Arm. Bereit zum Start.

Vier Lautsprecher leiteten den Höhepunkt mit dem gewohnten Knacken ein, und die übliche schneidige Ansage donnerte in vier Richtungen über den Platz. Das Trillern einer Fußballpfeife. Sofort warf Gwerder den Teig in den Trichter, kurbelte gleichzeitig die Walze, und überschlug die Nudel mit einem Sprung zur Seite wie einen Windelpacken. Während seine Frau sofort mit der leeren Schüssel zur Wohnwagenküche rannte, mit einer gefüllten Schüssel zum Walzenden stürzte und mit der leeren Schüssel verschwand.

Das rote, grüne, eierfarbene Nudelband floß. Die Lautsprecher plärrten, und das Publikum staunte.

Erika übergab Armin eine Teigschüssel um die andere. Unermüdlich füllte er nach, kurbelte und wand den Teig. Nachbar Eberhard filmte, seine Frau zählte die Nudelmeter.

Die Ballerina stand im Blickfeld des Kämpfers. Ließ die rosa Blase eines Kaugummis aus dem Mund wachsen, bis sie knallend zerplatzte, leckte sich die Fetzen von den Lippen und blähte ihren Kaugummi wieder auf. Hinter ihr schwang das Riesenrad seine Gondeln durch den blaßgrauen Himmel.

Der Wettkämpfer drehte die Kurbel immer heftiger. Der Schweiß tropfte von seinem Kinn. Und wenn er aufschaute, bemerkte er das Schimmern des Silberfadens in den Pistazienkugeln auf Tinas Brust.

Mein Mann sah sich im Geist mit Tina im Sportkabriolett eine Strandpromenade entlangfahren. Wie Frau Blum mit ihrem Gigolo.

Ihr Mann wollte nicht bloß Weltmeister werden, sondern der Primadonna von Nirgendwo ein Kabrio verschaffen. Ein Onassis des Wiggertals. Leo Blum traf der Schlag, ehe er genug Geld zusammengekratzt hatte. Und die Schecks des Steinsammlers waren nicht immer gedeckt, wurden von keinem Bankinstitut mehr bedenkenlos entgegengenommen. Armin wollte als einziger Tinas Herzenswunsch erfüllen. Ein Teppichleger. Ein stilles Wasser. Und scheut sich nicht, seine Frau für seine Zwecke zu mißbrauchen. Er hat mir die traurige Rolle als Nudelträgerin aufgedrängt.

Die Geblümte schluchzt auf, der Glatzköpfige knallt seine Zeitschrift auf den Granittisch. Für einige Augenblicke herrscht Stille.

Man kann sich Frau Gwerder vorstellen an jenem Festtag. Unermüdlich sich mit der Teigschüssel über dem Kopf einen Weg durchs Publikum bahnend. Ohne das Kleid zu beflecken. Ohne ihr sauberes Taschentuch zum Abwischen der Finger aus dem Ärmelbund ziehen zu müssen. Ein. Aus. Zum Ausführen von Befehlen und für Handreichungen geboren, zu diesem Zweck mit Füßen zum Wieseln und Händen zum Darreichen ausgestattet. Volle Schüssel, leere Schüssel. Es gilt nicht nur, Nudelteig zu tragen, sondern die Unversehrtheit zu bewahren, für jedermann sichtbar.

Ihr Glatzkopf fuhrwerkend im Teig. Die erste, die zweite, die dritte Flasche Bier, der hundertste Meter, der zweihundertste Meter. Nudelwalze und Bediener wie ein Gerät. Überschlagen, Walzen, Trinken. Eine Fortsetzung von fünfundvierzig Jahren Teppichverlegen, dem Ausrollen auf Wohnzimmerböden, dem Spannen, Bahn an Bahn. In gewisser Weise führte der Herr Nachbar im girlandengeschmückten Ring des Festplatzes nur sein zu Boden gebücktes Leben fort. Jetzt aber aufrecht und umjubelt als Held.

Der Waschwart habe bei jedem fünfzigsten Nudelmeter über Tinas Kopf in die Hände geklatscht. Und Tina hätte ihn angeschaut, überrascht, weil einer sie als Luft behandelte, nur Augen für die Witwe hatte. Daß andere Frauen ähnliche Sehnsüchte weckten. Die Feindin das Ziel der Träume eines jungen Waschwarts war.

Sie lehnte ihren Scheitel wie unabsichtlich an den silbernen Brusttaschenverschluß der Tankstellenuniform. Wie um besser sehen zu können, wer da klatschte. Und als er endlich herabblickte, hauchte sie die Lippen auseinander. Ihren Filmmund. Picassorot und leinwandgroß wölbt er sich in Tinas Vorstellung dem Betrachter entgegen.

Der Glatzkopf an seiner Nudelwalze muß das Abirren von Tinas Blick bemerkt haben. Durch Teig und Schweiß und Gedränge hindurch. Er wurde immer betrunkener, brüllte immer gehässiger nach Teig, dieser wurde von seiner Frau beigebracht, unverzüglich, über den von Abfällen gesprenkelten Platz zur Nudelwalze getragen und Armins immer unsichereren Händen übergeben. Ohne Pause. Ohne eine Spur von Müdigkeit. Mit fleckenlosem Kleid. Bis das Nudelband bei vierhundertsiebenundachtzig Metern zum Stillstand kam. Der Walzer lag bäuchlings zu Füßen seines Publikums. In zähen, langen Tropfen fiel Teig auf die Silberkette in seinem Nacken. Das Dorf auf Zehenspitzen. Nur das Orchestrion paukte noch, und Gondeln kreisten. Als der Rettungswagen sich einen Weg durch die Menge bahnte, kippten die Gondeln, sanken in Schräglage in die Tiefe, tauchten in Schräglage wieder auf. Zu spät, um die Passagiere Zeuge der Hantierungen der Sanitäter werden zu lassen. Diese hoben den Bewußtlosen auf die Bahre, verfrachteten ihn mit ein paar Handgriffen in den Krankenwagen.

Wenn man überlegt, Nachbar, was ein Mensch alles mitmacht. Womit er sich auseinanderzusetzen hat.

Trotz der Wärme sind die Wartenden jetzt hellwach. Einer macht mit dem Kopf eine Bewegung zur Krete. Und Erdaoben, umgeben von seinen perfekten, winzigen Welten aus Stein.

Die Jahre sind an seiner Sammlung vorübergegangen. In seiner Steinwelt begeht niemand einen Fehler, niemandem gelingt ein Werk, niemand trifft eine richtige oder falsche Wahl.

Die Nachbarn starren auf das nasse Taschentuch der Geblümten.

Lieber ein paar Tränen, sagen sie. Lieber ein kleines Unglück. Alles ist besser als nichts!

Vielleicht benutzen sie andere Wörter. Vielleicht drücken sie dieses Nichts mit einer wegwerfenden Gebärde aus, lehnen dabei über die Armlehne des Sessels und betrachten den Brahma-Hahn, der in seinem Gehege breitseits und mit über den Boden schleifenden Flügeln vor der Henne auf- und abhüpft, sich die Seele aus dem Leib tanzt, für eine Henne, die sich von Korn zu Korn an ihm vorüberpickt.

Der Moto Guzzi-Mann hat Tina in der Menge aus den Augen verloren.

So ist Tina. Sie taucht auf. Sie verschwindet. Sie ist ein Spuk.

Er schob sein Motorrad aus dem umwimpelten Parkfeld und kehrte zu seinem Chalet zurück.

Nach ihrem Gesangsauftritt rückte die Dicke den Korbstuhl vors Haus, das Telefon an einer neuen langen Schnur neben sich.

Sie winkte dem Briefträger und den Spaziergängern zu wie von einem Thron.

Ich habe den Applaus noch immer in den Ohren.

Das Plakat hängt zur Erinnung an ihrer Küchentür.

Die Regionalzeitung veröffentlichte ein Foto der Cancantänzerinnen. Eine einzige Zeile galt der Sängerin. Das Gespenst der Carmen hat dem Anlaß keinen Abbruch getan, umso begeisterter wurden die Cancantänzerinnen beklatscht.

Die Medien machen mich herunter, Theo. Ich bin zu gut.

In der zur Probe abonnierten überregionalen Zeitung wurde der Anlaß nicht erwähnt. Theo mußte der Redaktion einen Brief schreiben. Bei der Lektüre sei er auf Informationslücken gestoßen. Ereignisse von Bedeutung blieben unerwähnt. Dies sei auch die Meinung von anderen Persönlichkeiten des Orts. Eberhards würden auf ein Abonnement eines solchen Blatts verzichten.

Ist Kupferschmid zum ersten Rendezvous mit Tina im Lederanzug erschienen?

Frau Eberhard erinnert sich, daß er einen weichen Filzhut und lochverzierte Schuhe trug. Tina trat in einer um die Hüfte gebufften Taftkugel auf. Amanda habe Theo einen Stoß in die Rippen versetzt.

Sie wollen ans Pferderennen nach Ascot, Theo.

Sie sind in den Zirkus gegangen, behauptet die Geblümte. In ihrer Erinnerung sind die beiden nicht aufgedonnert. Eberhard bestätigt, daß ein Zirkus in der Bezirksstadt gastierte. Anzunehmen, daß ein Tierfreund sich für den Zirkus interessiert. Die Hundenärrin war entzückt von seiner Idee. Gerührt.

Unser erster Abend wird mir immer im Gedächtnis bleiben, Herr Kupferschmid.

Die Nachbarn pflücken diesen Abend aus dem Dunst.

Unter den Blicken der Wilimooser läßt die Ballerina sich am Ellbogen über die Bretterschräge zu den Ehrenplätzen hinabführen. Tusch, schon stieben Lipizzaner und Araber mit einem Kopfputz aus Federn durchs Sägemehl, im funkelnden Zaumzeug führen sie Passagen, Piaffen, Pirouetten, Kurbetten und Levaden auf der Hinterhand vor. Clowns purzeln hereinheraus. Tauben flattern dem Zauberer aus dem Hut. Trommelwirbel, Kußhand, Applaus.

Tina mit geradem Rücken neben dem Keramiker, die verschränkten Hände auf dem Rock. Auf Rollschuhen rasen Zwillinge mit riesiger Tüllschleife auf der Hüfte über die Planke. Mit ihrem synthetisch wirkenden Blondhaar, den geraden Beinen und Stiefeletten gleichen sie Barbiepuppen. Und Barbiepuppen hat Kupferschmid immer gern gesehen. Ihnen ist er aufs Zimmer gefolgt, um sie beim Abstreifen ihres Putzes zu beobachten, hat sich auf einer Seite in ihr Polsterbett gelegt und ist auf der andern Seite hinausgerollt.

Die Ruhenden sind überzeugt, daß dem Keramiker die Frauen eingefallen sind, auf denen er überwintert hat.

Die Ballerina schreit auf, mit verbundenen Augen fliegt ein Akrobat vom schwingenden Trapez zu den ausgestrecken Händen seines Fängers. Und der Keramiker denkt an Aids.

Das Orchester bläst den letzten Tusch, die Artisten hüpfen in Segelstoffschuhen durchs Sägemehl, werfen Kußhände, federn zum Schmettern der Kapelle rückwärts durch den Paillettenvorhang.

Das Publikum verläßt das Zirkuszelt, es strömt in die Nacht. Die Trapeznummer ohne Netz beginnt. Die ersten Griffe. Der erste Sturz.

Unter der stechenden Sommersonne verblaßten die Plastikblumen auf Leo Blums Grab. Die Witwe fand keine Zeit für die Grabpflege. Einen Teil des Jahres war sie mit ihrem Gigolo und ihren Samsonitekoffern unterwegs. Und den andern Teil fuhr sie ihr neues Auto durch die Waschanlage.

Nach Erledigung der Erbformalitäten bestellte sie ein französisches Wasserbett mit eingebautem Wecker-Radio und seitlichen Lampen. Leo hatte sich immer gegen ein Wasserbett und einen Fersehanschluß im Schlafzimmer gesträubt. Seine Frau saß nun breit auf ihrem heizbaren Floß, schaltete sich mit Fernbedienung durch die Programme aller Senderketten und trieb durch die Ätherwellen.

Der Autovorwascher nahm Leos Platz ein, die Zigarre des Hausherrn zwischen den Lippen. Er entkorkte die Weine, mit denen Leo gegeizt hatte. Leos Foto, auf dem er aus seiner Kabine herauslacht, war mit Lippenstift durchgekreuzt. Es hing an der Wand, und ausgestopfte Schildkröten marschierten am Foto vorbei.

Man muß das gesehen haben: Unserguterleo im Silberrahmen, von den gelackten Panzern der Schildkröten umwandert. Von seiner Witwe der Lächerlichkeit preisgegeben.

Bald zwang Regen die Bewohner ins Haus. Kupferschmid brauste in seiner Ledermontur am Morgen an den Handtuchgärten vorbei, verknüpfte irgendwo im Regengrau dünnste Keramikplättchen mit Leiterbahnen aus Gold und stellte Berechnungen mit Teilchengrößen im Nanometerbereich an. Am Abend kehrte er mit Regenperlen am Helm zurück.

Der Umbau schritt nun auch im Inneren voran.

Die Küche wurde eingebaut, die Wendeltreppe zum Dachgeschoß angeschlagen und die Wände tapeziert. Er arbeitete wie ein Besessener. Als wären seine bisherigen Frauenbekanntschaften immer am nicht Vorbereitetsein gescheitert.

Er wollte abschließen. Wohnen. Seinen verdienten Feierabend, eine Katze auf den Beinen, ein Feuer im Kamin, einfache Gedanken, unkomplizierte Mädchen, die eine Telefonnummer hatten, die kamen, wenn man sie rief, und gingen, wenn man sie wegschickte.

Nur die Tanten riefen an. Sandten Lockrufe zum Chalet. Sie haben ihm das Haus in seiner Geburtsstadt vermacht. Aber der Bub muß in den Süden ziehen. Wer geht dir dort unten zur Hand? Den Schweizern ist es doch gleich, ob du richtig ißt, sauber zur Arbeit erscheinst und Ordnung hast im Haus.

Das Gemüse verfaulte auf den Gartenbeeten.

Der Herbst war ungewöhnlich mild gewesen. Die Sträucher schwer von Beeren. Die Schattenhängler hatten schüsselweise Beeren verschenkt.

Als Gwerders und Eberhards mit nassen Handschuhen Dahlien ausgruben, riß Kupferschmid den schief geschifteten Boden im Dachgeschoß wieder heraus. Verfluchte das Haus. Verfluchte seinen Ehrgeiz, es ohne Handwerker umbauen zu wollen. Tina blieb dem Chalet fern. Die Übungen im Ballettstudio waren ihr wichtiger. Sie las die Biographien großer Tänzerinnen. Wollte keine namenlose Ballettratte bleiben.

Ehe sie zu Bett ging, absolvierte sie ihr Gymnastikprogramm. Unerreichbar für die Späher, herausgelöst aus den Verkettungen des Schattenhangs. Hinter der Vorhanggaze in Puderfarben angedeutet, hingehaucht, als müßte sie bei einer Berühung zu einer zartgetönten Puderwolke aufstauben, die der Nachtregen von den Scheiben wäscht, nichts als ein paar Schmutzrinnen auf dem Glas hinterlassend.

Um nicht zu verzweifeln, hat sich der Keramiker Tinas Chef montiert. Einen Patron, wie er dem Leser aus Wirtschaftsmagazinen entgegenblickt, kerzengerade hinter einem Palisanderpult sitzend, die Gebeine unter scharfen Bügelfalten, das Gerippe sorgfältig in einen Windsor- oder Boss-Anzug geknöpft, die eingefallene Brust mit einer signierten Seidenkrawatte geschmückt. Die linke Hand hat dieser Patron auf den Schreibtisch gestützt, die rechte zeigt auf ein Produkt. Licht liegt auf dem Platinhaarscheitel. Der Patron wirft keinen Schatten an die Wand. Um ihn ist blendende Helle.

Der Chef ist wie ein Vater zu ihr, redet sich Kupferschmid in den Nächten ein. Seine eisigen Fingerspitzen berühren Tinas Schulter unabsichtlich. In seinen Augenhöhlen klappen die

Lider auf und zu. Dies ist als Zufriedenheit auszulegen, als das Lachen einer Mumie, auf die Mindestbewegung beschränkt. Wie das Dasitzen im Winkel der Arme, aufrecht und schmal, während sein Produkt die Welt überschwemmt, Aktien fallen, Börsen schließen, diese Mumie an ihrem Pult sich Papiere vor die Augenhöhlen hält und in Intervallen ihr Gebiß auf- und zuklappen läßt. Die eisige Hand packt Tinas Schulter nur, um abgestützt auf die Sekretärin zum Eßtisch zu schlurfen, dort vor dem Stuhl eine Vierteldrehung umzutrippeln, sich die Stuhlkante in die Kniekehlen schieben und auf die Sitzfläche fallen zu lassen.

Die Handgriffe am Gepäck sind ihre letzten Bewegungen in diesem Raum, bald werden ihre Tanzschritte nur noch Erinnerung sein. Ihre Haut, ihr Lachen, ihr Auftrotzen, ihr Traum von einer besseren Welt, die Angst um sie: nur noch Erinnerung.

In einer Uhr schlägt kein Herz. Und Verlust ist ein großes Wort, Tina hat recht. Man kann nicht verlieren, was man berührt, aber nie besessen hat. Man kann es mit einem Stein zerschmettern, damit auch kein anderer es besitzt. Den Tag kümmert das nicht. Der Tag wickelt sich ab, ohne mich. Das Gesetz der Zeit ist nicht erbarmungslos und nicht barmherzig. Die

Stunde rückt vor. So einfach ist das. Die Schöne geht. Und ich bleibe im Dämmerlicht vor der Welt in meinem Stein zurück.

Die vier auf ihren Sesseln sitzen inzwischen halb im Schatten.

Die Zeitung liegt aufgeschlagen auf dem Kopf des Schlafenden, das Foto der Halbnackten zur Glatze gedreht. Speichel tropft auf seinen Hosenträger.

Der Hagere vertritt sich die Beine. Eine Spindel, die sich ruckweise bald in die eine, bald die andere Richtung bewegt. Er kehrt zum Sitzplatz zurück und macht wieder Striche auf den Schreibblock. Sicher hat Theres ihn zum Zählen ermuntert. Damit wir einen statistischen Wert erhalten, Vater. Wir sind auch jemand. Wir brauchen Luft zum Atmen. Man muß sich einsetzen, Vater. Wer sind wir denn sonst? Nutznießer eines Landstrichs sind wir sonst.

Theres hat eine ihrer Anwandlungen, lautete der Kommentar der Mutter.

Theres muß wieder die Welt umstürzen, erklärte sie, wenn das Mädchen die Khaki-Uniform anzog, mit ihren Freundinnen das Dorf zur Stoßzeit überfiel und auf dem Hauptplatz Flugblätter und Unterschriftenbögen verteilte. Eine Florence Nightingale oder Rosa Luxemburg mit dem Walkman auf dem Kopf, von der

Vorstellung erfüllt, sich aufopfern zu müssen. Wenn möglich vor laufender Kamera. Und zur Hauptsendezeit.

Theres rasselte mit einer Kasse oder streckte den Leuten ihren Kugelschreiber und eine Solidaritätsliste hin. Auf die Unterschrift wartend, wippte Theres im Rhythmus des Walkman. Es dröhnte und gellte aus ihrem verkabelten Ohr, und ihr Schuh klackte im Takt auf den Asphalt.

Theres war für alles Feuer und Flamme. Summerhill, Gurus, Gruppendynamik, Urschrei, Tai-Chi, Biogemüse, Stretching. Alles Neue, Klingende und Aufsehenerregende riß sie mit. Sie erinnerte uns an die Zuckungen von Rocksängern, die jeder Lichtblitz in einer anderen Verrenkung in die Helligkeit wirft, so daß mit den Tönen ein Bombardement von Haltungen über das Publikum bricht.

Ihr Auszug aus dem Elternhaus war laut und effektvoll. Theres hat den Koffer mit einer Schnur aufs Fahrrad ihres Vaters gebunden, nach einer Luftpumpe geschrien, er hat keine Luftpumpe gehabt. Sie hat dem Fahrrad einen Tritt gegeben und den Koffer abgebunden. Leo Blum hob den Koffer von der Straße und trug ihn hinter dem Mädchen her. Ihre Sporttasche an der Hüfte schwenkend, verschwand Theres in der Wegbiegung nach Wilimoos.

In der Nacht kehrte sie zurück, schlich am Elternhaus vorbei und zur Villa hinauf.

Ein Mädchen, eine Halberwachsene mit einem Muppet-Frosch auf der Sporttasche.

Die Wärme macht träge. Jeder hängt Gedanken nach.

Die Strickwolle ringelt sich auf dem hochgelagerten Bein von Frau Eberhard. Ihr Schenkel ist blauverfärbt. Ihr Mann betrachtet das von den hunderttausend Maschen dieses Jahr wundgewetzte Bein seiner Frau.

Er muß an seine Tochter denken. Daß Theres Gott sei Dank diesem Strickwerk entkommen ist. Vielleicht notiert er auf seinem Block die Sparsumme seines Buchhalterlebens, zieht die Kosten fürs Streichen der Hausfassade davon ab, verteilt den Rest nach dem Erbgesetz und faltet das Papier.

Man weiß, daß Herr Eberhard sein Testament immer wieder ändert, stets neue Versionen bei der Gemeinde hinterlegt. Einmal setzt er seine Frau auf den Pflichtteil, einmal die Tochter, einmal alle beide, und die freie Quote schlägt er der Kirchgemeinde für eine neue Orgel zu.

Die Fußnägel der Dicken zittern im Wasser. Ihre Stricknadel durchbohrt das gefaltete Papier. Sie glättet es auf ihrem Bauch.

Theres soll nicht zu kurz kommen, erklärt ihr

Mann. Auch wenn wir für Theres gestorben sind. Was wollte sie denn? Leben! Und das nicht in den Strickkleidern ihrer Mutter. Und sie wollte auch keinen Greis, der sie wie einen versteinerten Vogel anglotzt.

Vor drei Sommern war dieser Sitzplatz eine Wildnis. Man genoß Erika Gwerders Holunderkuchen, Leo lachte aus der Kabine seines Lasters. Die Ballerina schaukelte ihre Pistazienkugeln. Und Frau Blum rannte mit dem Rasenmäher um die Hortensieninsel.

Madame riß den Rasenmäher immer aus der Garage, wenn Tina sich vor dem Laster räkelte, und Leo hatte eine Pantomime aufzuführen.

Einmal hatte er Tomaten geladen. Zeigte zum Laderaum. Modellierte mit den Händen stramme Tomaten vor seiner Hemdbrust. Er biß hinein, schlürfte sie genußvoll aus der hohlen Hand, als seine Frau in schlotternden Gummistiefeln am Laster vorübermarschierte.

Frauen treten unsere Träume aus, Anatol, werden die Männer an diesem Abend sagen. Die eine mit Gartenstiefeln. Die andere zieht sich Strümpfe mit einem Schmetterling an der Fessel an, drückt den Golddorn durch die Briden, ordnet das glöckchenbehangene Kettchen schön über dem Rist und gibt dem vor ihr Knienden einen Tritt.

Die Geblümte räumt leere Gläser vom Tisch und kehrt mit gefüllten Gläsern auf dem Tablett und einem frischen Taschentuch für die nächsten Tränen zum Sitzplatz zurück, preßt das Taschentuch gegen die Lippen. Zu müde für Tränen. Ausgeleert. Niemals Mittelpunkt. Niemals der Grund für ein Gerücht. Das Leben hat ihr einen Mann wie Armin beschert, einen Sitzplatz am Schattenhang, Leute, die sich von ihr bedienen lassen. Am Ende der Tage bleibt sie in Erinnerung als eine Person mit einem stets weißen Kragen, einer unzerknitterten Organzablüte am Ausschnitt und einem jederzeit vorzeigbaren Spitzentaschentuch. Ein regelmäßig die Gläser auf dem Sitzplatz nachfüllender Geist.

Die Nachbarn nehmen diesen Dienst nicht einmal wahr, greifen nach ihrem vollen Glas und rühren mit dem blumenbesteckten Halm im Inselgetränk. Oder nehmen die heruntergefallene Zeitschrift entgegen. Ans Umsorgtwerden gewöhnt. Mehr als gewöhnt, sie haben ihre Bequemlichkeit dem Zudienen angepaßt. Sind das Lebenszubehör eines dienstbaren Geists. Armin ist der Spitzenmann, das Nudelschauwalzen in Wilimoos das Spitzenereignis. Seine Frau war nur Zuträgerin. Er stopfte, walzte, trank, und das dreifarbige Band floß für Tina. Bis das Schauspiel ein plötzliches, mitleiderregendes Ende fand.

Die Geblümte dreht den Kopf. Sie hat nichts mehr zu sagen.

Ihr hagerer Nachbar blickt zu ihr hinüber. Eine Hand auf dem Hinterkopf wartet er auf einen Einfall, um Frau Gwerder zu trösten. Wirbelt schließlich ein Wort in die Luft: Trauerarbeit. Und nickt der Nachbarin im Blumenkleid aufmunternd zu.

Seine Frau beißt den Wollfaden ab und fordert Theo auf, ihr den Sinn dieses Wortes zu erklären. Bitte!

Dann läßt die Dicke ihre Stricknadel sinken, um sich das Gestotter anzuhören.

Danach ist Ruhe. Zum Ersticken.

4

Die Schöne besitzt kein Foto vom Haus. Sie braucht kein Bild. Sieht alles vor sich, wo sie auch ist. Das Parktor, den alten Baumbestand, den Wasser spuckenden Frosch im Teich, den Kiesweg zur Eingangshalle, den säulengestützten Rundbalkon über der Terrasse, die sechs Bogenfenster, die Anbauten. Selbst die Schnekkenhörner auf den Eckpfeilern und die Goldkugeln auf den Giebeln. Auch den abblätternden Verputz.

Sie geht, um das Bild zu vergessen. Um Platz zu haben für ein neues Bild.

Aber erst will sie wissen, was die Dinge wert sind, die sie mitnimmt, warum sie diese Gewichte herumschleppt, dem Taxi anvertraut, als Ausrüstung ins neue Leben hinübernimmt. Welchen Nutzen sie ihr bringen.

Zahlen, Sicherheiten. Etwas, an das man sich halten kann.

Warum sollte die kleine Göttin anders als Theres sein? Nicht deren Träume träumen? Weniger wollen als sie? Auf großen Bühnen tanzen. Zu VIP-Räumen geleitet und aus VIP-

Räumen abgeholt werden. Sagen: Das will ich! So will ich's!

Eine Siebzehnjährige, die mit Lametta am Badeanzug ein Raunen auslöst und rechnen kann, hat eine Zukunft vor sich.

Sie wickelt die Schwalbe aus Obsidian, Calcit und Weißquartz ein.

Bei jedem Hinschauen meine ich, die Schwalbe beim Abheben zu ertappen. Sie duckt sich in die Gelenke ihrer filigranen Silberbeine, die grauen Flügel eng am weißen Bauch, eine Linie vom Schwanz zur schwarzen Haube, flugbereit, die Nadelköpfe der Augen auf ihre Bahn gerichtet. Sie will mir entkommen, sich gegen das geschlossene Fenster werfen. Und wartet nur auf den Moment meiner Unaufmerksamkeit.

Ich habe mir eine Flugschlaufe erdacht. Die Schwalbe zieht plötzlich steil in die Höhe, ihr Anker zeigt mir ihre Rückkehr an. Wie ich aufatme, schwenkt meine Schwalbe jäh ab und verschwindet mit raschen Flügelschlägen im Dunst. Sie entfliegt meiner Willensbahn. Es ist mir nie möglich, sie zurückkehren zu sehen. Schon beim Gedanken an Rückkehr, beim bloßen Impuls, prallt meine Schwalbe gegen eine gläserne Schranke.

Manche Menschen scheuen vor unangenehmen Wahrheiten zurück, behaupten die Ruhenden in ihren Sesseln. Dabei deuten sie zur Krete.

Manche Menschen, sagen sie. Und meinen Ihndaoben. Mich.

Manche Menschen wagen kein Licht zu machen. Sie halten sich und andere in einer ewigen Dämmerung.

Ruhelos sei der Steinsammler durch sein Haus gewandert, werden sie Kupferschmid erzählen. Treppe, Salon, Terrasse, Licht um Licht hat er angeknipst. Tina lag in ihrem spitzenbesetzten Laura-Ashley-Hemd auf ihrem Bett, das lange Haar aufs Kissen gebreitet, die Arme gekreuzt auf der Brust, Schleifchen ums Handgelenk. Mit offenen Augen lag sie da. Er hat ihr Hemd geöffnet, Knopf um Knopf bis zu den Füßen, und ihren weißen Körper mit Küssen bedeckt.

Sie wohnte nicht in der Haut, die seine Lippen berührten.

Erdaoben hat die Flügeltür aufgestoßen und ist in den Park hinausgetreten. Tinas Bogenfenster stand offen. In den Bäumen schwankten Sterne. Der Steinsammler hat auf das Auge des Monds im Wasser gestarrt, während seine Schöne von Fahrten auf einer Moto Guzzi träumte, von der Côte d'Azur, einem Sportkabriolett.

Von allem andern träumte als einem alten

Mann, der Steine von einer Vitrine zur anderen trägt.

Dazu das Hämmern des Nebenbuhlers vom Schattenhang herauf.

Das werden die Nachbarn schildern. Diese Schläge. Als zimmere ihm einer den Sarg.

Der Steinsammler ist mit zugehaltenen Ohren in sein Haus geflüchtet, Anatol. Auf sein Goldkordelsofa. Zu den Welten aus Stein.

Am Jahrestag von Leos Tod stieß die Witwe ihre Fensterläden auf. Einen Finger in der Bibel, stieg sie zur Krete hinauf. Am Portal schlug sie das Buch auf und verlas die Stelle. Die Ballerina sprang auf Zehenspitzen in die erste, zweite, dritte Position. Bei Auge um Auge, Zahn um Zahn, schwang sie ihr Bein in die Höhe. Und der Witwe flog das Buch der Bücher aus der Hand.

Eine Pirouette, ein Luftsprung, und die Tür krachte ins Schloß.

Der Geruch der teerdunklen Holzbeize des Keramikers schwebte über dem Hang.

Das pure Gift. Wir ersticken, klagten die Nachbarn. Die Hände auf der Brust hechelten sie dem Bauverwalter von Wilimoos Atembeschwerden vor.

Wir haben gutnachbarschaftlich auf eine Klage verzichtet, Anatol.

Auch das müsse heute erwähnt werden. Er solle wissen, daß seine Nachbarn beide Augen zugedrückt haben.

Euer Gehuste war nicht zu überhören, wird er entgegnen.

War sich Kupferschmid bewußt, wie viele Tage in jenem ersten Sommer vertrichen, ohne daß er Tina begegnete?

Sie wird es ihm sagen. Es sind dreiundsiebzig Tage und sechs Stunden.

Es darf keine Stunde länger sein!

Er läßt den Pinsel fallen, der Narr! Und donnert den Hang hinab.

Wie wir Tina kennen, hat sie ihn ins Dancing «Zum Scharfen Eck» bestellt.

Ein Tänzer lenkt das Mädchen durchs Burgunderlicht. Mit kreisenden, zuckenden, rollenden Hüften tanzt Tina an Kupferschmid vorbei: Er muß mich als Spielzeug eines anderen sehen! So die Überlegungen der Ballerina. Es wird ihn treffen! Wenn es ihn nicht trifft, ist er mich nicht wert.

Erhitzt klettert sie auf den Barhocker an Kupferschmids Seite. Erkundigt sich nach seiner Palme, seinem kleinen Paradies. Sie, die ihn Tag und Nacht beobachtet hat.

Es gibt kein Paradies ohne Tina, antwortet der Keramiker, wie erwartet.

Spiegelreflexe flimmern über Wände und Gäste. Musik spielt. Tina ist in ein Burgunderlicht getaucht, versunken in den Klang von Antworten, die sie vorausahnt, Wort für Wort kennt.

Ah, sagt sie, oh, den Kopf in der Schräge. Beißt kleine Stücke von einem Sandwich und leckt ihre Fingerspitzen ab. So hat sie den Gutenleo eingefangen, ließ ihn über Motoren reden, komplizierte Zollformalitäten erledigen, Straßensperren umfahren, Lastwagenräder wechseln. Bewunderte ihn. Wiegte ihn im Glauben, die Jägerin erliege ihrem Wild.

Tina ist Theres aus der Seele kopiert. Man wußte nie, hinkt Theres den Bestrebungen der Emanzipation hinterher oder ist sie diesen weit vorausgeeilt. Sie war so dumm oder so klug, sich von Ihmdaoben nicht nur komplizierte Gesetze erklären zu lassen, sondern auch die einfachen Dinge. Tat, als gäbe es in ihrem Kopf nur Dunkelheit, nähme nicht hin und wieder ein Mann die Welt auseinander und zeigte ihr, wie diese funktioniert.

Und Kupferschmid, dieser Narr, tappt in die Falle! Er erklärt der Kleinen, daß Ingenieurkeramik nicht mit Ziegeln, Krügen, Tellern zu verwechseln sei. Liebe Tina, es handelt sich um Bauteile und Werkstoffe aus synthetischem Material. Hochleistungskeramik wird in der Elektronik und Elektrotechnik eingesetzt. Die Substrate, in Form dünner Keramikplättchen mit Leiterbahnen aus Gold, Silber und anderen Metallen versehen, dienen als Unterlage und Gehäuse für den aktiven Mikroprozessor. Eine aufregende Materie, Tina. Wir befinden uns vor einer stürmischen Entwicklung.

Die Ballerina wischt sich Krumen vom Mund, Staunen im Blick. Und das Burgunderrot läßt den Teppich, die Theke, die Gläser, seine und ihre Hand zu einer Farbfläche zusammenrinnen.

Die nächtlichen Wanderungen der Witwe Blum fielen auf.

Laub und Stauden waren in Säcke verpackt. Nebel hing in den Kleidern. Das Bettzeug wurde nicht mehr zum Lüften über die Fensterbretter gebreitet. Bald gefroren die Gestecke von Blautannen und Stechpalmen auf den Simsen. Es gab nichts zu gießen, nichts zu ernten. Mit dem Vorhang zerdrückten die Nachbarn Stubenfliegen am Glas.

Sie wußten, der Keramiker wartet. Er ist allein.

Kupferschmid baute das Gerüst noch vor Jahresende ab. Die Schläge gellten gegen das Metallgestänge, stiebend fiel Brett um Brett auf den Stapel.

Schnee legte sich auf den Weg. Es führte

keine Spur von den Nachbarhäusern zum Chalet hinauf.

Es gibt mich hier nicht, habe Kupferschmid in Wilimoos gesagt. Nach einem Jahr gibt es mich noch immer nicht. Das sei nicht wahr. Die Nachbarn widersprachen. So seien sie nicht, nie seien sie so gewesen. Etwas scheu zu Anfang, zurückhaltend. Wir können mit Recht erwarten, daß es der Neue ist, der das Eis bricht.

Die Erinnerungen wirbeln aus der fernen oder nahen Vergangenheit. Es braucht nur ein Wort, ein Geräusch, nur den Gedanken an ein Geräusch. Brechendes Eis.

Gwerder lacht auf. Seine Frau stimmt in das Gelächter ein. Einen Winter vor Augen. Den gefrorenen Teich oben im Park. Schneewächten bis zu den schmiedeeisernen Eichenblättern am Tor. Und unsere Amanda Eberhard stiefelt daher, die Hände in den Taschen des Lammfellmantels, eine Wollmütze auf dem Kopf, Atemdampf vor dem Mund, und Theres, wie einen zugeklappten Schirm, am Arm.

Eine Szene wie aus einer Slapstick-Komödie. Die blaßbraunen Darsteller rucken zur Schifferklavierbegleitung über die flimmernde Leinwand: Eine schmachtende Tochter am Arm einer gewaltigen Mutter. Der Vater, ein schwindsüchtiges, vom Regenschirm seiner

Frau herumdirigiertes Männchen. Rückwärts zuckeln Mutter und Tochter zum Teich, winken zum Balkon hinauf.

Die Klaviermelodie reißt mit einem schrillen Ton ab. Wasser spritzt auf. Die Darstellerinnen sind verschwunden. Ein Gluckern. Ein paar Wasserkreise. Eine über die Leinwand schwimmende Wollmütze. Der Vater rennt mit erhobenen Händen auf einer Seite ins Bild, auf der anderen hinaus, wahrscheinlich auf der Suche nach einem Stecken.

Musik tropft in den Raum. Die Tochter schwappt hoch, macht Dreiecksaugen und schlägt die Hände vor den Mund. Sie schaut über den glatten, flimmernden Teich, die Hände flehend zum Himmel erhoben. Mit einem langen Schritt hüpft der Vater aus dem Nichts, mit einem Stock bewehrt.

Die Musik wallt auf. Etwas Blaßbraunes arbeitet sich aus dem Wasser, und eine Hand faßt nach dem Mantelsaum der Tochter. Diese verliert auf dem glitschigen Ufer den Halt und fällt klatschend zum zweitenmal in den Teich.

Aufgewühlte Schifferklaviermusik. Kamerafahrt. Tonlos plärrend, mit aufgelöstem Dutt, hockt die gewaltige Mutter breit auf ihrer Tochter. Zwei weitere Personen hüpfen über den Schnee und zappeln um den Teich herum. Sie recken den Stock ins Wasser. Mutter und Tochter greifen nach dem Stock, gelangen ans Ufer, drehen sich tropfend einmal um sich selbst, und flüchten mit erhobenen Armen aus dem Tor. Eine Schrift rinnt über das Schneegestöber auf der Leinwand, *Gerettet.*

In einer Mondnacht schreckte ein Schuß die Nachbarschaft auf.

Erika Gwerder sei aus dem Schlaf gefahren. Armins Bett war leer.

Die Geblümte springt von ihrem Sessel auf. Sie schmettert ihrem Mann die Faust zwischen die Hosenträger.

Du warst da oben, wie Leo, versteckt im Schilf, das erleuchtete Fenster im Blick. Und dieses Lämmchen im Raubtieranzug hat Spreizübungen gemacht.

Sie nimmt das Taschentuch vom Auge und fragt, oder hat die Balletteuse das Wasserglas mit dem Gebiß ihres Liebhabers gesucht?

Frauen, brummt Gwerder.

Mein Mann! schreit Erika. Sie trommelt mit beiden Fäusten gegen seine Brust. Sich vorzustellen, daß mein Mann im Schilfversteck beim Krachen des Schusses seine Hände aus der Hose reißt!

Sie packt die leeren Gläser aufs Tablett und stürzt davon. Ein Glas rutscht zu Boden. Weinend klaubt sie die Scherben aus dem Rasen.

Es sind nicht sieben Gefahren zu bestehen, wie im Märchen. Auch nicht sieben mal sieben Gefahren. Sondern Tag um Tag, Stunde um Stunde eines langen und unberechenbaren Lebens.

Der zerfetzte Verputz am Mauerwerk erinnert an jene Nacht. Die Schüsse sind nicht zu erklären.

Frau Blum schoß aufs Gemäuer, als hielte sie den münzbetriebenen Staubsauger in die Luft, gedankenverloren, wie sie eine Brusthaarlocke ihres Waschwarts um ihren Finger wickeln mochte. Sicher war sie nicht aufgewühlter, als bei jeder anderen Zuwiderhandlung gegen Leos Lebensstil. Sie schoß. Sie hätte auch mit dem Staubwedel über die Schildkröten wischen können. Sie hätte irgendeine andere Pflicht erfüllen können. Der neue Stand als Witwe verlangte eine Reihe von Maßnahmen. Dokumente unterschreiben, ein Wasserbett kaufen, Fluggepäck anschaffen, Inselferien im Fünfsternhotel buchen, einen selbstverständlicheren Umgang mit dem Luxus erlernen, sich für ein Narrengewand rächen, die Feindin erschrecken.

Vielleicht konnte sich die Witwe über die Einschußstellen im Mauerwerk nicht einmal freuen. Empfand beim Schießen nicht mehr Befriedigung, als bei irgendeiner Arbeit, die endlich erledigt war. Diese Schüsse waren nicht annähernd so erregend und aufwühlend, wie wenn der Reisenden aus gebrochenem Herzen das Fluggepäck abgefertigt wurde.

Sie schoß, ohne einen Gedanken an Tina zu verschwenden. Wahrscheinlich machte sie sich nicht einmal die Mühe, die Feindin in der Vorstellung mit einem Schrei ins Badezimmer flüchten, dort die Schminksachen, Antibabypillen, Verbandsrollen aus dem Apothekerkasten wischen und Melissengeist auf ein Zuckerstück träufeln zu sehen.

Sie wußte nicht einmal, warum sie schoß.

Der Schnee schmolz, und der Keramiker setzte den letzten weißen Pinselstrich in die Kerbe seines Balkons.

Der Garten konnte nun in Angriff genommen werden.

Die Ruhenden meinen, um diese Zeit auf der Krete zu jeder Nachtstunde eine Tischlampe brennen gesehen zu haben. Eine Wunde in der Dunkelheit. Erdaoben wußte, das Ende des Umbaus rückt näher, der Tag der Besichtigung, die Nacht, in der seine Geliebte sich in die schwarze Bettwäsche des Nebenbuhlers legt.

Tina wollte von ihrem Liebhaber Gedichte hören. Plötzlich gefallen der Kleinen Gedichte.

Vielleicht nicht ihr Inhalt, nicht die Verse, sondern der Klang der Worte, die Sprachmelodie. Die Aneinanderreihung klingender Wörter.

Sie hört sich diese Gedichte auf dem Hocker vor der Spiegelkommode an. Wie Marilyn Monroe den Mund zum Kuß gerundet, die Augen halbgeschlossen. Wiegt sich zu den Worten, im Kopf eine Melodie, die nur sie hören kann.

Weiter! befiehlt Tina, weiter!

Und während er Vers um Vers rezitiert, beobachtet sie durch die Wimpern den Glanz, der über die Riffelung ihres Munds gleitet. Die Lippen wehen ihr aus dem Spiegel wie ein angehauchtes Blättchen Gold entgegen, wenn sie seufzt: So ist es, genauso.

Sie betrachtet sich aus der Entfernung. Tür und Fenster müssen offenstehen, damit der Luftzug ihr Spitzenhemdchen hochwirbelt. Wie ein Mädchen aus dem Reizwäschekatalog kämpft sie im Wind mit ihrem fliegenden Hemd. Bis die Last der linken Brust den Spaghettiträger sprengt.

Aber Tina wird beim Kampf mit dem viel zu knappen Satin nicht von einem Fotografen überrascht. Nur er schaut zu, der Steinsammler, der angehalten ist, Wortgeräusche zu machen. Weiter nicht zählt. Dem sie einen Fotoapparat in die Hände hätte drücken müssen. Da! Fotografiere! So daß der Kampf mit dem geplatzten Träger in alle Ewigkeit fortgedauert hätte. Und man Tina in allen Magazinen mit dem bißchen Stoff hätte kämpfen sehen können, verzweifelt bemüht, die atemberaubendsten Stellen zu bedecken.

Erdaoben weiß, Tina denkt nicht an Anatol Kupferschmid. Sie posiert für sich. Für ihren Traum. Damit sie eine Zukunft hat.

Weiterweiter, schreit Tina.

Er liest Gedicht um Gedicht. Er weiß, solange ich lese, ist sie hier.

Der Steinsammler erhielt eine Rechnung für Briefpapier mit aufgedrucktem L. Der Buchstabe aus Gold und wie mit der Feder gezeichnet. Tina benutzte für ihre Briefe nicht mehr das Briefpapier mit dem Monogramm ihres Gönners. Sie benötigte ein eigenes Zeichen. Schreibt besondere Briefe. Sie sind kurz. Erreichen den Adressaten unregelmäßig, überraschend. Wollen an jemand mit dem Zeichen L erinnern. Einstweilen ein Gruß. Ein gepreßtes Blütenblatt. Ein picassoroter Mundabdruck. Einstweilen denkt eine Person mit dem federgoldenen Namen L an Anatol Kupferschmid.

Die Sonne beleuchtet jetzt die Querverstrebungen der Rückenlehnen. Die Metallnadel blitzt auf, mit der sich die Dicke am Rücken kratzt. Sie verdreht dabei die Augen und macht einen Schnallenmund. Gewöhnlich wird Theo zu dieser Prozedur beigezogen.

Kratz mir den Rücken!

Amanda beugt sich vor, Theo hat aufzustehen, an ihrer Kette vorbei in ihren Nackenausschnitt zu greifen und die trockene Haut zwischen ihren Schulterblättern zu rubbeln.

Dieser Befehl löst bei ihrem Ehemann Ratlosigkeit aus. Er legt sich von hinten die Hand auf den Kopf. Seine Ohren sind wie von einer unsichtbaren Schnur zurückgebunden, ihr Zug glättet das Schrumpfgesicht. Er windet sich.

Jeden Tag schirrt seine Frau sich aus ihren Kleidern, öffnet Knöpfe, zieht Reißverschlüsse, knackt Häftchen, als zerdrücke sie zwischen ihren Fingernägeln eine Laus. Jeden Abend wird Theo Eberhard von der Wucht ihrer blaugeäderten, aus den Miederkörben stürzenden Brüste erschlagen.

Sein Kopf beginnt zu pendeln. Pendelt immer heftiger. Bis er die Einrasterung zum Auslösen einer Reihe von Befehlen gefunden zu haben scheint, Theo aufstehen, zu seiner Frau hingehen und ihr Fleisch berühren kann.

Ich war ein Reh, nicht wahr, Theo? Auf dem Hochzeitsbild?

Wenn Amanda daran denke! In Ulm auf den

Turm des Münsters gestiegen, auf halbem Weg von einem Hamburger Zimmermann eingeholt, mit ihm zusammen die Spitze erreicht, beim Abstieg dann aber seine blanken Knöpfe aus den Augen verloren. Und ohne recht zu wissen, was sie tat, hat sie den Buchhalter Theo Eberhard geheiratet.

Die Nachbarn kennen das Hochzeitsbild. Es ist durch alle Hände gegangen. Geht immer wieder durch alle Hände. Eine Braut, ein Bräutchen aus Filigran, eingenäht in die Weite eines starren Kleids, an die Haustür geschmiegt, das Gesicht hinter dem Schleier, eine Hand auf der Türklinke, zur Hälfte noch im Flur, einen Satinschuh über die Fußmatte gereckt, mit dem weißen Rist den Saum des Kleids in Schräglage hebend.

Ein Hauch war sie. Ein sich aus dem Flur ans Licht herausarbeitendes Flügelwesen, im Begriff, sich das Elternhaus abzustreifen.

Und genauso mühevoll zwängt sich Amanda heute in ihren Sessel. Quetscht die Hüften zwischen die Armlehnen, zieht sich den Sessel förmlich an. Und wenn ihr Fleisch endlich auf den Sitz sackt, erschlagen die niederhämmernden Brüste die Fliegen auf ihrem Bauch.

Ihr Ehemann bohrt die Bleistiftspitze in das Papier des Schreibblocks. Er macht keine Striche mehr. Die Fahrzeuge passieren ungezählt.

Eberhards Interesse an einer Lösung des Schadstoffproblems ist für eine Weile erloschen.

Es ist ihm gleichgültig, ob auch wir am Schattenhang einer Katastrophe zum Opfer fallen. Mit unseren Gefühlen, Überlegungen und Bildern im Kopf. Samt Kupferschmids Sitzplatz, samt seinem Werk. Zerplatzend wie eine Seifenblase.

Die Tochter Theres wäre genauso eine Kindbraut gewesen, zart und zerbrechlich. Ihren Vorleben zum Trotz.

Zur Verwunderung der Nachbarn hätte der Steinsammler nicht daran gedacht, seine blutjunge Geliebte zu heiraten.

An einem Tag hat sie ihn ohne Erklärung verlassen.

Was ist sie denn für Ihndaoben gewesen? Ein Sammelstück in einer staubigen Vitrine aus Glas, ohne Möglichkeit, je etwas anderes als ein schöngeformter Gegenstand zu sein.

Aber als Mensch mit einem Funken Anstand hätte er Theres in seinem Testament berücksichtigen müssen, findet Buchhalter Eberhard.

Wahrscheinlich wird es nun nach der Ballerina nichts mehr zu vererben geben. Wir werden die Versteigerung der Villa erleben, prophezeien die Nachbarn. Eine Bank wird das Grundstück billig erwerben. Wildfremde Gläubiger machen ihre Ansprüche geltend. Im Handumdrehen ist nichts mehr da.

Wir werden erleben, daß die bewegliche Habe zur Versteigerung ausgerufen wird. Meißner-Porzellan, Silber, Bücher, Bilder, Wäsche, Teppiche, Gartenwerkzeug, zum ersten, zweiten und zum dritten. Schon im Morgengrauen werden Käufer in Moonboots und wattierten Mänteln vor dem Tor warten. Punkt acht Uhr schlüpfen sie durchs spaltbreit geöffnete Tor und verschwinden mit Plastiktüten und dem Ahnenbild unter dem Arm um achtuhrfünfzehn durch die Kellertür. Einer nach dem anderen tragen sie die Habe davon. Schlag Mittag ist alles verkauft. Die Marmorfigur wird fortgekarrt, das Parktor mit einer Kette verrammelt. So daß nun nicht nur die Habe geplündert ist, die rechtmäßig oder moralisch Theres zustehen würde, sondern die Nachbarn auch noch am Betreten des Parks gehindert werden. Am Tag X wird Erdaoben uns nicht nur die Tochter, sondern die Sonne und unsere Träume genommen haben.

Als der Boden sich erwärmte und die Nachbarn ihre Beete abzirkelten, begann Kupferschmid, seinen Garten umzugestalten. Mäuerchen und Terrassen entstanden, Treppen führten von einer Ebene zur anderen.

Tina ist beeindruckt, natürlich, da kommt einer und stampft etwas aus dem Boden, das es hier nie gegeben hat. Zeigt diesen Leuten hier, wie man waltet in der Welt.

Sechs Bananenbäume trafen ein.

Kupferschmid habe sich die Schweiz als Land mit südlicher Vegetation vorgestellt, mit Palmen, Agaven, Ginster und Oleander. Das Kalenderbild vom Lago Maggiore im Kopf, traf er auf Kirschbäume, Apfelbäume, Wiesen voller Löwenzahn. In seiner Schweiz hatte eine tropische Vielfalt zu blühen. Und diese pflanzte er nun dem Schattenhang ein.

Das Setzen des Mandelbaums wurde von Theo Eberhard gefilmt.

Vielleicht war das Wetter an jenem Tag ungewöhnlich klar, und die Landschaft erschien dem Amateurfilmer gestochen scharf, oder er fand die Situation interessant, vielleicht sorgte er für die Winterabende vor. Wenn nichts im Fernsehen käme, könnte man sich den Keramiker ansehen.

An manchen Abenden stellen die Nachbarn ihre Projektionswand auf und betrachten Eberhards Amateurfilme. Ein Lichthagel prasselt über die Leinwand. Dann bewegen die Bilder sich, und ein Zeigefinger greift in den Projektorstrahl. Unter Gelächter und Zwischenrufen wird der Film mehrmals angehalten, zurückgespult und von neuem laufen gelassen. In zusammenhanglosen Szenen und schwindelerregenden Schwenks wird ein Personenkreis vorgeführt, der irgendetwas lustig und interessant und spannend findet, denn die Gefilmten schlagen sich immer wieder lachend die Hand auf den Mund und stoßen einander an. Oder treten aus unerklärlichem Grund in der Bildszene auf. Vielleicht nur, um gepudert, gekämmt, aufrecht und lachend an einer Kamera vorbeizuziehen, das neue Auto vorzufahren, locker die Hand am Steuer, das Haar frisch frisiert, oder wie absichtslos aus dem neugestrichenen Haus herauszuschauen, oder mit der Sonnenbrille in der Hand über eine Sanddüne am Meer zu stapfen. Winkend rutschen sie aus dem Bildrand hinaus. Ab und zu vom Filmenden ein Finger. Er deutet zu kommen, und wieder wird lachend passiert.

Die Nachbarn schauen verwundert auf das Kind, das mit einer unhörbaren Rassel spielt. Jemand ruft den Namen des Kindes. Ohne Übergang springt das Kind als Erwachsene von der Seite herein, mit gewelltem Haar, Khakiuniform und zur Wohnwand hin abgebrochenem Arm. Ein Streifen des Films spielt ja immer auf den Möbeln. Dies macht das Geschehen noch rätselhafter. Kaum haben die

Nachbarn das Mädchen mit seinem Filmmund lächeln sehen, wird es von einer Ballerina nach links abgedrängt. Und diese von einer Nudelwalze aus dem Bild gewischt. Denn Eberhard klebt seine Filme zusammen, einen an den anderen auf eine große Spule, damit die Vorführung nicht immer unterbrochen werden muß.

Den Zuschauern wächst eine kurbelnde Faust entgegen. Diesmal fehlen die Zwischenrufe. Schweigend sehen sie dem Schuften zu, diesem Kurbeln, Schwitzen, Trinken. Der Asphalt richtet sich auf der Leinwand auf. Der Wettkämpfer anscheinend am Boden, hinter den Bierflaschen zusammengebrochen, nicht vorzeigbar. An seiner Stelle die Nudelwalze.

Frau Gwerder ist der gute Geist dieser Familienfilme. Die Person im Hintergrund, die den Hauptdarstellern eine Jacke nachträgt, ihre Säume glattstreicht oder für die Dauer der Aufnahme eine Tasche oder ein Werkzeug hält. In zahlreichen Bildschwenks für die Nachwelt festgehalten. Am Rand der Szene den Vorplatz kehrend, mit einer Gartenschere schnappend, als wankender Schachtelberg auf Zehenspitzen quer durchs Bild schleichend.

Mit dem Einpflanzen des Mandelbaums zählte Kupferschmid nun auch zu den Gefilmten. Und wird vorgeführt, schief mit der Schubkarre ins

Bild marschierend, mit einer Schaufel lautlos Erdklumpen über die Breite der Projektionswand schleudernd. Bis zu den Hüften steckt er in einem Erdloch, springt mit einem Ruck heraus. Und schon schleift er einen Wurzelballen ins Bild. Der Ballen versinkt im Loch. Blätter stürzen den Betrachtern entgegen. Zweige zeichnen die Leinwand. Und schon blüht der Baum. Rosabälle hängen im Geäst.

Die Farbe erinnert die Zuschauer an Tinas Tüllkleid. Dasselbe Rosa.

In einem rosa Tutu ist das Mädchen auf Zehenspitzen um Leo Blum und Armin Gwerder herumgewirbelt. Im Stoff zeichneten sich die wachsenden Brüste ab. Die Rosabälle, an die Leo den Kopf gelegt hat.

Das Reklamegrün explodierte am Schattenhang. Jede Woche wickelten Kupferschmids Bananenbäume ein weiteres Blatt aus dem Stamm. Ins Gehege zogen ein Pfau, Ringeltauben und Brahmahühner ein.

Die Spaziergänger aus Wilimoos lachten.

Unsere Hühner legen jeden Tag ein Ei. Die Hühner des Keramikers können nur in Pluderhosen über den Hof stolzieren.

Der Glatzköpfige stelzte mit ausgestellten Hosenbeinen als Brahmahuhn zum Eberhardhaus, kreischend wie ein Pfau. In der nächsten

Sekunde schoß die Witwe aus ihrer Haustür und eilte zu Kupferschmid.

Mußte den Nachbarn trösten. Sich vor dem Junggesellen spreizen.

Diese dummen, selbstgefälligen Menschen! Oh, Herr Kupferschmid, dieses Wilimoosdorf! Die Leute hier haben immer gerechnet. Sie wissen, wieviele Dienstjahre sie zur vollen Zufriedenheit hier und wieviele sie zur vollen Zufriedenheit dort verbracht haben. Sie lesen ihr Regionalblatt und machen die ausgeschriebenen Produkte-Wettbewerbe mit. Sind glücklich über den steigenden Wert ihrer Grundstücke. Wie sollten sie auf den Gedanken kommen, daß es noch andere Werte gibt? Aber was, frage ich Sie, Herr Kupferschmid, kann man von Provinzlern erwarten? Von Leuten, die zwar von sieben Weltwundern gehört, aber keines je gesehen haben, nie über die Landesgrenze hinausgekommen sind? Sie vergleichen die Welt mit Wilimoos. Und da hier alles mehr oder weniger funktioniert, anderswo aber nicht, finden sie keinen Grund, an ihrer Ordnung zu zweifeln.

Und nach der Verkündung dieser außerordentlichen Erkenntnisse sinkt die Blum in ihren Weißblech-Jeans vor dem Pfau in die Knie. Und gurrt. Und federt in die Höhe. Lieber Herr Kupferschmid, ich habe nicht bloß über alles etwas gelesen oder gehört. Ich sehe mich in der Welt um.

Sie lächelt. Sie lockt den Wissenschaftler und Junggesellen in ihr Heim.

Das Branden der Autobahn schlägt an den Hang. Aus unerschöpflichem Lagerbestand werden die Fahrzeuge auf die Autobahn geschüttet. Ein Gewimmel wie auf einem Brueghelbild. Nur, daß die Reisenden sich nicht auf Stöcke und Holzglieder stützen. Sie rollen in Autos dahin. Oder fliegen. Oder flitzen im Glasfiberboot über Wasserflächen. Ihre Käferhaftigkeit ist dieselbe wie auf dem Brueghelbild. Aber sie betonen sie nicht mit Umhängen, Kappen und Schlappen. Sie ducken sich unter ein Autodach, strampeln eine Bootsschale übers Wasser, schauen durchs Glasauge über ihre Flugzeugflügel. Ihre runden Lippen sind dem Vorbild ähnlich, wie mit einem Holzlöffel ums Mundloch zusammengescharrt, die Augen hinter den Fliegerbrillen von Entsetzen gefüllt, und die Musik im Kopfhörer übertönt dieselben Schreie aus dem Inneren, die Brueghels Figur mit tief ins Gesicht gezogenen Kappen zu ersticken versuchten.

Ihre Surfbretter, Skis und der Sarg für die Skis finden Platz auf dem Autodach. Ihre Tennisrackets, die Taucherflossen und das Nylongepäck sind im Kofferraum verstaut.

Unzählige Taschen sind auf ihre Military-Hemden und italienischen Leinenhosen aufgenäht, so daß die Kugelschreiber, Filzstifte, Visitenkarten, Zahlkarten, Schecks, Mitgliederausweise, Münzen, Banknoten verschwinden und der Träger sich frei bewegen kann. Seine Rolle als Sandkorn im Meer der Menschen frei spielen kann.

Manchmal bricht ein Auto aus der Fahrzeugkolonne aus. Auf dem Rastplatz krabbeln die Insassen unter ihrem Schild hervor, hasten zum Schnellimbiß, zur Reihentoilette, zum Kiosk. Ihre Verpflegung besteht aus Pappkaffee, Beefburgern oder Grillhähnchen im Kartonteller. Die Gesättigten bücken sich wieder in ihr Auto hinein, fädeln sich in die Kolonne ein und ziehen zum Ferienparadies.

Bei Brueghel wird die Menschenherde der Massenvernichtungsmaschinerie zugetrieben. Dort herrscht der «Triumph des Todes». Hier aber herrscht der «Triumph des Lebens». Doch füllen die Menschen hier wie dort den Bildausschnitt, drängen sich Kopf an Kopf, laufen durcheinander, wenden sich hierhin, dahin. Als hätte ein Gottähnlicher Kochwasser in eine Käferansammlung geschüttet und damit Panik heraufbeschworen, da nun jeder kopflos über den andern hinwegkrabbelt, ihn beiseite drängt, aber in diesem Durcheinander, dieser entsetzlichen allgemeinen Richtungslosigkeit nirgendwohin gelangt, sondern das Schicksal der anderen zu teilen hat.

Im Palmwipfel die Funken der Vögel. Sie zerkritzeln blitzschnell die Wasserfläche des Brunnens und verschwinden im Dunst.

Welche Träume lassen die Finger der vier Ruhenden auf den Schenkeln zucken? Ein Schattenbild, heißt es, habe Leo Blum zu verhängnisvollen Abendspaziergängen gezwungen. Ein Schattenbild treibe Armin Gwerder Nacht für Nacht aus dem Haus. Er eile aus dem spannendsten Fernsehprogramm, um sich im Park durch seine Lesebrille ein Programm anzusehen, das weniger gewagt und dessen Darstellerin weniger hübsch sei, als jene im Fernsehen. Hinter einem Baum versteckt, erwarte er zum hundertsten Mal ihr Turnprogramm, zitternd im Anstand. Um dann zum hundertsten Mal so gut wie nichts zu sehen, nichts beizuwohnen, nur für Minuten einem Geschöpf hinter Glas gegenübergestanden zu haben, das er nie besessen hat und niemals besitzen wird.

Tina weiß von nichts. Sie hat nie Zuschauer bemerkt. Sie war immer in ihre Übungen vertieft. Hat bis zum Umfallen getanzt.

Kupferschmids Hämmern hallte durch den

Park. Die Steine für einen Sitzplatz lagen auf Paletten am Straßenrand. Jeden Abend schaufelte der Keramiker Sand, fuhr eine Schubkarre voller Steine über den Brettersteg zum eingeebneten Platz und verlegte zwei Plattenreihen. Dann machte er Feierabend. Auf den gegenüberliegenden Hängen war dann die Sonne aus dem Kornfeld gerutscht, die Dämmerung kam, die Kühle.

Erdaoben sah ihm beim Reinigen des Werkzeugs zu. Jeden Abend. Ein Reiher im Gegenlicht.

Eberhards und Gwerders erwarteten jeden Abend, daß er sich auf den armen Narren herabstürzte.

Als Kupferschmid die letzte Plattenreihe verlegte, stieg Theo Eberhard mit Setzlingen und Kräutern zum Chalet hinauf. Er sah seinem Nachbarn eine Weile beim Verstreichen der Sandfläche zu. Reichte ihm einen Pflasterstein, noch einen Stein, und bald kniete er neben seinem Nachbarn im Sand.

Armin Gwerder ließ sich herbei. Und die Frauen kamen. Man gab Ratschläge. Half. Zum ersten Mal wie Nachbarn.

Ein Laster mit Sitzplatz-Zubehör traf ein. Fünf weiße Kunststoffsessel mit Blumenpolster, ein

Baldachin, ein mechanischer Grill, eine spritzlackierte Kutscherlampe zur Beleuchtung des Gartens, Terracottatöpfe und ein Brunnen mit Pumpmechanik und Wasserbeleuchtung.

Die abertausendste Lieferung der gleichen Ware, die in Billigländern gefertigt und von europäischen Ausstattungshäusern vertrieben wird. Und Einfamilienhäuser landauf, landab mit Schloßgärten ausrüstet, die Besitzer in Herrschaften verwandelt, die diese Gärten bestücken. Und mehr als bestücken. Beleben. Feste feiern, Gäste empfangen, an ihren gewaltigen Grillapparaten stehend ihre Herrschaftsrolle spielen. Ihren Traum vom Leben für das Leben halten.

Noch fehlte die Palme. Aber im Brunnen floß das Wasser schon von einer Schale in die andere.

Eberhards und Gwerders fanden Gefallen an dem Garten. Ein paar Schritte über die Straße, und man ist in den Tropen. Und sie gingen über die Straße. Fröhliche Menschen, die auf der Bierflasche Mandoline spielten, hintereinander zum Sitzplatz hinauftanzten, Flaschen und Biskuitdosen unter dem Arm, sich von Kupferschmid die Mechanik der verstellbaren Sessel erklären ließen, den Grill.

Ihre Gläser klirrten bis spät in die Nacht.

Am nächsten Tag kamen sie wieder in den Garten mit dem Brunnen, den neongrünen Bananenbäumen und den seltenen Tieren. Und verschmolzen in ihren bequemen Sesseln mit der Inselkulisse.

Ein Brief mit goldener Initiale wurde von der Krete abgeschickt.

Ich komme!

Eine Kinderschrift. Datum, Gruß, ein Lippenstiftkuß.

Es braucht nicht viel Vorstellungskraft, den Keramiker über aufgeschlagenen Kochbüchern träumen zu sehen. Die Augen auf denselben Buchstaben oder denselben Zwischenraum geheftet. Auf die Ritze seiner Phantasie.

Plötzlich springt er auf und beginnt, den Kühlschrank auszuräumen. Wischt mit dem Schwamm über ein Drahtgitter, räumt Milchpackungen, Butter, Speisereste und Katzenfutter wieder ein. Dann steht er da, vom Kühlschranklicht einen fliederfarbenen Fleck auf dem Hemd. Er sieht an sich herab. Die Lilastreifen sind ihm fremd. Er kann sich nicht entsinnen, dieses Hemd am Morgen angezogen, den Tag darin verbracht, einen vernünftigen Gedanken gefaßt und auf ein Ziel hingearbeitet zu haben.

Und doch ist er in diese Küche getreten, um irgend etwas zu tun, einen Akt zu spielen. Nicht anders als ein Operettenprinz, der seine Solopartie zu singen hat, bis die Frauenstimme anhebt, er aufhorchen, herumfahren und mit zwei, drei Fallschritten zu der Erwarteten hinstürzen kann. Und das Duett beginnt.

Auf der Bühne nimmt das Geschehen den programmgemäßen Verlauf. Die Verliebten messen singend die Bühne aus, wenden am vorgesehenen Punkt, tun die einstudierten Seufzer, berühren sich mit Handschuh und Fächer, trennen sich, eilen aufeinander zu. Dem melodiös gesprochenen Sprechtext folgt das melodiöse Sängerlachen. Der Prinz hält die Dame an den Schultern weit von sich weg, und die Atemtechnik der Partnerin preßt die Brustperlen aus dem Mieder. Das Ballett schwebt herein. In der Bühnenmitte das Paar. Eine schreckliche Botschaft wird überbracht. Ratlosigkeit, gellende Schreie. Seine Hemdbrust raufend, bricht der Prinz in die Knie. Dann fällt der Vorhang. Der erste, der zweite, der dritte Akt.

Das Publikum glaubt dem Paar seine zur Theaterkuppel hinaufgeschmetterte Liebe auf Leben und Tod, die ein Orchester benötigt, ein Ballett, einen Chor, Komparsen, Regisseure, Intendanten, Kulissenschieber, Beleuchter, Souffleusen, Garderobieren, Maskenbildner, Kassiererinnen, Platzanweiserinnen, und die gewaltige Summen verschlingt.

Es beobachtet gelassen die vorgeführte Leidenschaft, das Mißverständnis, die Trennung, die Verzweiflung und die überraschende Wendung zum Guten. Die Wechselfälle des Lebens werden hier in zwei, drei Stunden hingespielt von Herrschaften, die in prächtigen Kostümen im Scheinwerferlicht zwischen Pappkulissen wandeln, sich hinter bemalten Paravents verstecken, Champagner trinken und nach der letzten Kußhand mit Blumen im Arm und einer Verbeugung im verklingenden Applaus hinter den Falten des Bühnenvorhangs verschwinden. So daß nun endlich die Putzfrauen einfallen und die Reste zusammenkehren können, die von dieser aufwendigen Sehnsucht geblieben sind.

Schall und Rauch. Die Leute auf ihrem Sitzplatz nicken. Die Dicke taucht den Fuß ins Wasserbecken. Und dann starren sie alle zur Senke hinab. Nur ein Arm bewegt sich. Und ein Taschentuch fällt aus seinen Falten.

Die Pirouetten der Ballerina haben Armin den Kopf verdreht. Die Wange am erhobenen Bein schaute Tina ihn an, das Mona-Lisa-Lächeln im Gesicht, auf der taftenen Schamwölbung einen Aprikosenschimmer.

Bilder wirbeln aus jeder Falte von Frau Gwerders Taschentuch.

Die Zweitschönste. Ein Kabrio auf der Schräge einer Hebebühne. Tinas Kopf an der Brust des Waschwarts. Armin mit teigverschmierten Händen gegen den Tisch gelehnt, Staunen in den Augen, als hätte er von einer Sekunde auf die andere seine Bedeutungslosigkeit für Tina erkannt. Er ist langsam an der Nudelwalze zu Boden geglitten, wie Leo Blum zu Boden geglitten sein mag. Armins Hand rutschte von der Kurbel ab, riß im Fallen die Teigschüssel zu Boden. Reglos lag Armin da. Vor Tinas Stöckelschuhen, im Gelächter, im Gespött, ohne die längste Nudel der Welt gewalzt oder sonst etwas Bedeutendes geleistet zu haben. Auf dem Boden zwischen Kartonbechern, Zigarettenstummeln und Wurstpapier. Sein ganzes Leben lang hat Armin die Welt aus dieser Perspektive vor Augen gehabt. Ein mit Teppich zu belegendes Feld. Eine unabsehbare Fläche, auf der er auf Knien vorwärtsrutscht und für die Füße anderer eine Unterlage glattspannt. Tina klopfte den Mehlstaub von ihren applizierten Eiscornets und verschwand.

Den Ruhenden fallen die eigenen Liebschaften ein.

Was bleibt von den Verzauberungen?

Der Fragende wird nicht auf Antwort warten. Er kennt die Antwort. Ein Souvenir auf dem

Kaminsims bleibt, eine Visitenkarte und die Erinnerung an einen maßlosen Wunsch.

Die Gefühle kommen abhanden, man weiß nicht wie.

Die Geblümte neigt sich weit aus dem Sessel. Fort von diesem Hang. Diesem Ehemann aus den Augen.

Sie wird heute abend von ihren Illusionen erzählen.

Auch ich habe Träume gehabt. Ich habe den Fuß ins Leben hineingesetzt, wie in Luft oder farbigen Bühnennebel. Wie diese Mädchen, die in einem rutschenden Kinderhemd, mit sich über die Schulter kringelndem Haar durch einen Gazevorhang ins Milchlicht der Welt hinaustreten, und von niemandem berührt auf nichts zugehen und im Glast verschwinden.

Nullkommanichts ist man fürs Leben verbunden mit einem Mann, der Ausschau nach einem Persönchen hält, das in abgeschnittenen Jeans und einem Safer Sex-Kleber auf der Mappe über den Schulhof schlendert.

Sie wird das zerbissene Taschentuch betrachten.

Was hätte Armin dafür gegeben, um von einem Trikot ein paar Leopardentupfen zu pflücken! Wie besessen war Armin vom Wunsch, dem Mädchen zu gefallen. Ist auf seinen breiten Senkfüßen vor dem Spiegel in die Grätsche gesprungen und hat mit dem Schrei eines Thaiboxers die Fäuste in seine gespannten Bauchmuskeln gerammt. An einem Tag erschien das Mädchen im Bikini.

Shorts! wird Gwerder einwenden, Shorts.

Ein Nichts. Soviel wie nichts. Und das Mädchen, dein Mädchen, Anatol, setzte sich auf Armins Knie.

Es stand!

Er hoppelte es auf den Knien, die Hände unter das winzige Stoffdreieck versenkt. Die gelatinegekrümmten Haarspitzen warfen einen Schatten auf die gekalkte Kellerwand. Ich bin ins Haus gerannt. Das Brechen der Brauenhaare war bis in die Küche zu hören. Mir war, als fülle eine eisige Kontrastlösung mich langsam bis zu den Zähnen auf.

Gwerders Faust wird auf die Kunststofflehne poltern. Er springt auf, so jäh, als müßte er unverzüglich zur Schattenhangwiese, um ein verletztes Rehkitz mit der Hacke totzuschlagen.

Frauen! wird er rufen. Wenn du Glück hast, gehen sie. Wenn du Pech hast, bleiben sie. Und tun alles für dich, opfern sich auf für dich. Ausgeschlagen mit Samt, huschen sie durchs Haus und schleichen ins Kamerabild, und die Kinder, Freundinnen, Verwandten hinterher.

Ich wollte nie Weltmeisterin im Nudelschüsseltragen werden. Die Geblümte schluchzt auf.

Theos Orgelnoten umblättern wolltest du. Zettel zwischen die richtigen Gesangbuchseiten legen. Mich in der Kirche bis zur Kinderbank dirigieren, weil man von da die Orgel auf der Empore sehen kann. Und mit deiner Mausstimme jede Note mitsingen, jeden pfeifenden Orgelton. Das Gezappel der Kinder mit einem Schmerzensblick ertragen, als sei es dein Los, gestört zu werden im Genuß von Theos Orgelmusik.

Stöhnend wird Gwerder sich ins Polster zurückfallen lassen. Er beneide Anatol, um sein Junggesellenleben, um seine Freiheit. Sexhefte liegen offen herum. Er furzt. Er schneidet sich vor dem Fernseher die Zehennägel. Mitten in der Nacht zitiert er ein Mädchen ohne Kopfweh und kompliziertem Innenleben herbei und wirft es im Morgengrauen aus dem Bett.

Krachend fährt Gwerder mit dem Sessel in Rückenlage.

Schluß mit blutjungen Mädchen!

Die Dicke greift mit beiden Händen unter ihren Schenkel, hievt das Bein aus dem Wasserbecken und läßt die Ferse auf das Kissen plumpsen. Dann rupft sie ein paar Armlängen Wolle aus dem Korb.

Was wird der Steinsammler nun tun? Die Tropfen zählen, die auf dem Teich zerspringen? Auf das Knacken im Gebälk lauschen, das Klopfen der Zweige gegen die Scheiben? In die geleerten Vitrinen starren? Der Mensch quält sich. Er drangsaliert sich und die anderen. Jede Woche zeigt das Fernsehen einen Überfall. Verschmutzte Leichen wie fortgeworfene Lumpenpuppen. Die Kamera fährt auf den Fuß einer Leiche zu. Die Zehe ragt ins Wohnzimmer hinein, und man hat auf seinem Sofa diese überdimensionierte radiergummigraue Zehe anzustarren. Man zeigt uns Schußwaffen wie Schmuckstücke. Blank liegen sie in einem Kommodenfach zwischen Manschettenknöpfen, Lederhandschuhen und Seidentüchern. Sie passen in eine Abendtasche. Eine Witwe erbt dieses Metallstück, übernimmt es mit der Brieftasche, den Schlüsseln und der Herrenwäsche. Hat viel Zeit, sich mit dem Notizbuch des Verstorbenen auseinanderzusetzen. Sie reiht gedankenverloren Manschettenknöpfe und Munition auf die Kommodenfläche, ihr Lacknagel gleitet über den Lauf, die Finger schieben die goldenen Sprengkörperchen in das Ding hinein, spielerisch, absichtslos. Sie schaut zur Probe über Kimme und Korn.

In fieberhafter Eile installierte der Keramiker eine Gartenbeleuchtung. Kabelrollen, Verpackungsmaterial und Werkzeuge versperren den Weg zum Sitzplatz. Die Nachbarn schauten zu. Unterhielten den Arbeitenden. Zogen Vergleiche mit dem Garten der Witwe Blum, der sich in eine Wüste verwandelt. Die Pflanzen verdorren, während die Besitzerin sich mit einem Gigolo amüsiert. Sie opfert diesen Garten dem Menschengewimmel an einem verdreckten Meer. Um sich in einem anderen Landstrich einen Sonnenbrand zu holen, in fremder Währung betrogen zu werden und sich vom Gigolo ein anderes, ein tieferes Blau vom Himmel herabversprechen zu lassen. Um zu erleben, daß der Einheimische auf seiner Kiste sitzend ihr in die Augen blickt, während er das zersplissene Zündholz auf ihre Turnschuhe spuckt.

Sie ist ja nicht dort, weil sie fremde Länder kennenlernen will, sondern Leo zum Trotz. Weil ihn ihre Verschwendungssucht geärgert hätte und sie auf seine Kosten mit dem Geld seiner Sterbeversicherung reisen kann. Sie läßt sich Leo im Narrengewand von einem Waschwart aus dem Körper schwemmen. Lauscht an einem palmenbestandenen Strand auf das Rammen der Wellen. Mädchen steigen mit nackten, glitschigen Brüsten aus dem Meer. Wassertropfen aus den Haaren schüttelnd, hüpfen sie zu den Liegestühlen. Jede Welle spült ein paar

Mädchen wie Tina ans Ufer. Diese Tinen kommen auf die Witwe zu, was Leo ihr angetan hat, wallt wieder auf.

Sie weint hinter der Sonnenbrille, Nachbar, dort in den Tropen.

Man hat dem Keramiker irgendetwas erklärt. Er habe nur mit halbem Ohr hingehört. Aber als das Telefon klingelte, schoß er auf.

Wir haben nie einen Menschen schneller auf den Beinen gesehen. Nie jemandes Stimme nach dem Namennennen deutlicher zusammenklappen hören. Wir wußten sofort, daß der Anruf nicht von Tina kam. Es waren die Tanten. Ihr Gerangel um den Telefonhörer konnte man sich ausmalen. Ihr Gezischel hinter abgedeckter Sprechmuschel. Wer kümmert sich jetzt dort um den Bub? Ißt er richtig? Einmal am Tag etwas Warmes. Sollen wir kommen? Nein, der Dickkopf will nicht, daß man kommt. Die Nachbarn zogen sich mit ihren Bierflaschen in den eigenen Garten zurück.

An einem Tag im Juli kam am Schattenhang eine Palme an.

Auf einem Laster in Schräglage gekippt, mit Stricken an die Seitenladen gebunden. Kupferschmid stand mit der Schubkarre schon vor seinem Chalet. Zu zweit ruckten sie den Kübel von der Laderampe. Beim Lösen der Schutzhüllen fiel der Palmbüschel auseinander, Gärtner und Karren versanken in den Blättern.

Die Palme wurde aufgerichtet. Ihr Blattwerk stieß ein fremdes, stählernes Grün in das Milchweiß unseres Himmels und zersäbelte den Sitzplatz mit seinen Schattenklingen.

In der Nacht flammten zum erstenmal Lampen auf. Sie rissen das Chalet aus der Dunkelheit. Kupferschmids Anwesen war eine Insel des Lichts. Es leuchtete zur Autobahn, mußte die Reisenden an eines dieser Swiss-Chalets erinnern, wie sie auf Musikdosen und Schokoladenpackungen als Sujet Verwendung finden.

Erdaoben versuchte, sich mit Steinfiguren, Gedichten und Schecks über dieses für einen Besuch bereite Haus von Anatol Kupferschmid hinwegzutäuschen.

Im Zuwerfen einer Tür liegt die Wahrheit. Das Zuschnappen des Schlosses ist die Wahrheit.

5

Die Schöne hat sich unsere Nachbarn angeschaut. Sich. Mich. Sehr genau angeschaut.

Sie verläßt so gut wie nichts. Sie will etwas vom Leben haben. Ist oft genug kostümiert über abgewetzte Läufer und zwischen zerschlissenen Tapeten auf und ab gegangen. Hat schon zu lang vor einem Greis paradiert.

Der Glanz schwindet.

Das Haus ist dem Verfall bestimmt. Wie ein Jadebrocken zum Töten oder zum Schleifen bestimmt ist. Und vier Ruhende unter einer Palme sich dazu bestimmt glauben, Anatol Kupferschmid aufzuklären.

Reden wir von diesem Tag!

Wie immer sind Autos vorübergezogen. Wie immer war Dunst. Wie immer sitzen wir dösend im Schatten deiner Palme. Und da oben, über unseren Köpfen, Anatol, spielt sich die Szene ab, die wir immer erwartet, immer vorausgesagt haben: Die blutjunge Geliebte packt.

Sie hat den Steinsammler verlassen, lange bevor das Taxi aus der Auffahrt fuhr.

Ehe sie für ihre Briefe eigenes Schreibpapier benutzte. Sie verließ ihn am ersten Tag. Als sie ihren Vorteil aus dieser Bekanntschaft erkannte, als sie begriff, sie könnte auf seine Kosten tanzen lernen, könnte sich in einer anderen Lebensart schulen, sich beibringen lassen, wie ein Mädchen sich anmutig bewegt, zu Tisch sitzt, speist, plaudert. Daß diese Fähigkeiten ihre Vorzüge erst recht zur Geltung bringen würden, ihre Person aufwerten, ins Licht rücken, denn nichts interessierte sie brennender als ihre Person. Sie verließ ihn, als sie sein Haus betrat, um sich dort für den Auftritt im Lebenstheater den Putz anpassen zu lassen.

Warum sollte Tina anders als Theres sein?

Eberhards haben nie begriffen, warum ihre Theres zu Ihmdaoben gegangen ist. Das einfältige Kind!

Heute ahnen sie, daß der Steinsammler kein Mißgriff im Lebensentwurf ihrer Tochter war, sondern Teil ihres Plans. Wie immer dieser ausgesehen haben mag.

Theres sprang über eine Schwelle. Sie konnte noch nicht wissen, daß es hinter jeder Hürde eine neue Hürde gibt, Milliarden von Läufern mit einer Flügelschraube im Rücken auf Hürden zulaufen, ein Hindernis um das andere überflanken, und manche zu Boden gehen, ohne das Ziel erreicht, möglicherweise ohne es einmal, ein einziges Mal vor Augen gehabt zu haben.

Der zerschlissene Glanz des Hauses brachte sie zum Lachen. Es war aufregend, durch diese großen, hohen Räume zu spazieren und auf dem Estrich in den abgelegten Kleidern aus vergangenen Jahrhunderten zu wühlen. Es war aufregend, einen Menschen zu kennen, der auf eine Leiter steigt, um einen staubigen Band herunterzuholen. Atemberaubend, wie er Schecks unterschrieb. Seine Beschäftigung mit Steinfiguren war zum Sterben komisch. Aber das alleraufregendste war, daß sie wie eine Museumsleihgabe in Obhut genommen und als unschätzbare Kostbarkeit behandelt wurde. Ein Verehrer schöner Dinge, für seine Sammlung berühmt, schätzt sich überglücklich, Theres Eberhard in ihrem dritten Leben als achtes Weltwunder bestaunen zu dürfen.

Plötzlich hören wir ein Auto. Das Taxi, Anatol!

Es rauscht vorbei und verschwindet. Wie die Radfahrergruppen, die an den Sommertagen in Wilimoos auftauchen und mit sirrendem Leichtmetallgestänge an uns vorüberfahren, Rad an Rad, über den Lenker gebeugt, eine Halbschale auf dem Kopf, sich gleichzeitig in die Kurve legen, gleichzeitig aufrichten. Ein vielrädriges, glitzerndes Gefährt, das hinter etwas herzuziehen scheint, in Dörfer hinein, hinaus, über einen Paß, mühelos, der Hintermann im Windkanal des Vordermanns. Von Wilimoos ebensowenig berührt wie von anderen Orten an der Strecke, ohne Blick für Blumenschmuck und Hausinschriften, ohne einen Gedanken an die Abbiegungen des Wegs, den Sinn nur auf Sekunden, Kilometer, Zielband und Siegerkranz gerichtet.

Als das Taxi am Chalet vorüberrollt, erkennen wir die Kleine, eingebettet in ihr Gepäck.

Deine Kleine, Anatol! Sie ist für immer in einer Staubfahne verschwunden.

Wir mußten an dich denken. Daß man dir die Wahrheit wird sagen müssen. Und du sie wirst hinnehmen müssen. Wie jeder von uns die Dinge hinnehmen muß.

Auch wir, Anatol.

Leo zum Beispiel. Sein Tag bestand aus Fuhren, Fahrtenbuch, Lieferscheinen und Abzahlungsverträgen. Pünktlich mußte er im Ballettstudio eintreffen und pünktlich zur Krete schleichen. Leo hat für einen Traum gelebt und ist wie irgendeiner am Alltag gestorben.

Oder Theo Eberhard, der die Orgelkollekte verspielt hat, seine Schulden abstottert und weiß, daß er Amanda an eine Ente aus Zelistin erinnert. Oder unsere Witwe, die an eine Gerechtigkeit glaubt, die es nie gegeben hat, nie geben wird. Jetzt ihren Gigolo ins Meer hinausschwimmen sieht und hinter ihrer Sonnenbrille weint. Die Welt ist ein großes Wilimoosdorf mit Sonnen- und Schattenhängen, bevölkert von Leuten wie wir.

Kupferschmid kann seine Nachbarn vor verklebten, wolkigen Gläsern sitzen sehen.

Das Glück ist etwas Kleines und Alltägliches, Anatol. Ein Chalet. Eine Strickarbeit. Die Bodenübungen eines Lämmchens im Raubtieranzug.

Auch das Unglück ist etwas Kleines und Alltägliches. Eine Gattin, die Schnecken auf eine Stricknadel spießt. Ein Gatte, durch dessen schütteren Haarboden ein Wallen geht, wenn er überlegt, in welche Neigung er seine Sitzlehne stellen soll, oder wenn er zwischen zwei Ungewißheiten zu wählen hat.

Das Packen hat sich über Stunden hingezogen.

Und der Steinsammler mitten zwischen dem Gepäck der blutjungen Reisenden. Hat keine Träne. Keine Worte. Wandert auf und ab. Das Gewicht des Prostatasacks am Bein. Die Simse, Tablare und Beistelltische leeren sich. Die Ahnfrau starrt gleichgültig von der Wand.

Tina hat nichts von Wert zurückgelassen. Ihr ist immer wieder ein anderes Sammelstück ins

Auge gestochen, für das sie noch einmal vor ihrem Gepäck niederkniete, die Riemen löste, den Inhalt umpackte, zusammendrängte, weil sie diese Erinnerung nicht missen wollte.

Man erklärt. Man beschreibt. Man erfindet.

Der Steinsammler, Erdaoben, sei zum Zusehen verdammt gewesen.

Er hätte eine Schmucksteinfigur ins Licht gedreht. Um nicht zu verzweifeln, sich auf die letzte seiner steinernen Welten konzentriert.

Schon die Vorstellung, eine Gehende zum Bleiben zu bewegen, macht ihn krank. Dem anderen mit Verantwortung kommen, mit Vernunft, mit Soll und Haben, dieser endlosen Liste guter Gründe, die schließlich immer mit einer Liebeserklärung endet, den Torheiten eines Narren, den die Geliebte zur Seite schiebt, um ruhig die Schmucksteinskulpturen aus der Vitrine zu klauben. Nein, er hat keinen Finger gerührt.

Seufzend wird die Geblümte zum letzten davonschwebenden Ballon hinaufschauen. Sie werden nach ihrem Inselgetränk greifen und mit dem Blumenspieß die Eiswürfel umrühren.

Vielleicht läßt Frau Eberhard ihre gesangsgebildete Stimme ertönen. Singt ihr «Non, je ne regrette rien», dieses für den Schattenhang erfundene Lied.

Die Fahrzeuge werden jetzt nicht mehr wie eine gleichmäßige Perlenschnur durch die Ebene gezogen. Es gibt Lücken. Zwei, drei lose, sich in Abständen folgende Fahrzeuge, die einander überholen, sich der Fahrzeugkette nähern, diese um ein weiteres Glied verlängernd, vorwärtsziehen zum Ziel.

Die Geblümte schiebt ihren Sessel in den letzten Sonnenfleck und richtet das Kissen, dabei prallte ihre Kniescheibe gegen das Kunststoffgestell und rückt es ein Stück in den Schatten zurück.

Sie zerrt den Sessel wieder ins helle Feld. Dann setzt sie sich, mit beiden Händen den Rock unter die Schenkel spannend, behutsam aufs Kissen.

Kupferschmid ließ seine Palme nicht hierherbringen, damit seine Nachbarn in ihrem Schatten auf seine Rückkehr warten. Das Tropenparadies gab es schon immer in seinem Kopf. Ehe er Bilder von der Côte d'Azur sah.

Der Zufall hat ihn nach Wilimoos verschlagen. Er hätte jeden anderen Ort nach seiner Vorstellung gestaltet. Auch Tinas Bild war in seinem Kopf, ehe er sie in seinem Garten an einem Holzstapel lehnen sah. Er hatte gewußt, daß es diese Frau gab, daß sie eines Tages kommen würde.

Am Nationalfeiertag war es soweit.

Tina spazierte durchs Chalet, wie Frauen durch einen Junggesellenhaushalt gehen, hier einen Schrank öffnend, da eine Teppichfalte glattziehend, die Raffung eines Vorhangs ordnend, dort ein Herz auf ein verstaubtes Möbelstück zeichend. Sie nahm all die kleinen Änderungen vor, die Frauen einem Junggesellen schuldig zu sein glauben, die dem Mann so etwas wie Zuständigkeit in Hausangelegenheiten beweisen sollen.

Dabei stoßen sie gewöhnlich auf Kondome, einen Intimspray, das Foto einer anderen Frau. Sie prägen sich das Gesicht der Fremden ein, sprühen Zimmer und Toilettenschrank mit dem eigenen Parfum aus.

Eine Tigerin, Nachbar, muß den Geruch der anderen überdecken.

Der Keramiker rannte mit Tischdekorationen und Feuerwerkskörpern im Garten herum.

Eberhards und Gwerders hätten ihm die Furcht angesehen. Sein Hinhorchen zum Haus. Oder vielmehr die Anstrengung, nicht hinzuhorchen, sondern das Besteck aufzulegen, die Teller, die Gläser, Salz- und Pfefferstreuer, gefaltete Papierservietten in den Gläsern zu einem Fächer auseinanderfallen zu lassen.

Der Keramiker hat um jede Anordnung, um jedes Tier, jeden Geländeschwung gebangt.

Unzählbare Hammerschläge verbanden ihn mit dem Chalet, unzählbare Nägel, schlaflose Nächte und Träume. Das Knarren seiner Böden verband ihn, der Leimgeruch und die Dunkelheit, die verschieden von der Dunkelheit in anderen Häusern war.

Er wollte Tina in Begeisterung ausbrechen hören, sie, die an weitläufige hohe Räume gewohnt war, an Treppenaufgänge wie für einen Opernball.

Nach dem Begutachten des Chalets streifte sie durch den Tropengarten, das Rautenmuster auf ihrem Kleid glich dem Fell eines Tigers.

Wir ohnmächtig. Zum Zuschauen verdammt. Wie bei Leo Blum.

Der Keramiker sah uns nicht nach einem Bändiger von Raubkatzen aus. Ein Seiltänzer eher, der mit verbundenen Augen über den Niagarafall geht, seine Fußballen exakt übers Seil vorschiebt und das Gleichgewicht mit einer Stange auspendelt, während im Abgrund die Wassermassen tosend über die Felsen stürzen. Ein Mensch, dessen Leben von seinem unvollkommenen Tastgefühl und einer lächerlichen Stange vor der Brust abhängt.

Die Nachbarn schlossen ihre Fenster. Und sahen sich die Nationalelf im Fernsehen an. Während im Dorf aus allen Gärten und von allen

Plätzen Raketen durch die Finsternis in den Himmel fuhren, mit einem Knall zu einem Feuerstrauß zerplatzten, der sich fortwährend wandelte, verfärbte, zu immer neuen, noch viel strahlenderen Sträußen erblühte, diese Nacht mit einer knisternden Kritzelei füllten und als flimmernde Diamanthaube langsam und lautlos auf die Erde sank und sich in nichts auflöste, saßen die Nachbarn hinter geschlossenen Fenstern, einer neben dem andern, die Beine auf dem Klubtisch.

Kupferschmid hatte seine Multipack-Raketen längst verschossen, als der Festakt am Bildschirm seiner Nachbarn zum Höhepunkt kam. Ein Bundesrat redete. Im Hintergrund regnete das Feuerwerk ins Tuch einer hochgeworfenen Schweizerfahne, auf die Trachtenhauben, Lampions und Achselpolster des Redners herab. Die Kamera schwenkte zum Himmel, fing das Farbengeplatz und blendete es auf Bildschirmgröße zwischen die gegrätschten Pantoffeln ins Wohnzimmer ein.

Wie gewöhnlich schliefen die Nachbarn vor ihrem Fernseher ein, den Mund offen, das Kinn auf der Brust. So daß sie die Rückkehr der Familien vom Aussichtspunkt auf der Krete verpaßten. Kinder trugen Lampions am Haus der Dösenden vorbei. Ihre pendelnden Lichter verloren sich in der Nacht.

Wir haben das Paar sich selbst überlassen.

Seine Begegnungskunst aufführen lassen. Das Korkenknallen, das Füllen von Champagnerkelchen, der Griff mit spitzen Fingern nach den Happen auf dem Silbertablett, Stimmungsmusik aus dem Haus, ein Plattenspieler, der ohne Bedienung den Tonkopf senkte und hob und Platten auflegte.

Im Film lernt ein Paar sich kennen, macht Geständnisse, überwindet rasch eine Reihe von Schwierigkeiten, damit diese Liebe innerhalb von neunzig Minuten zum Ende kommt. Im Chalet aber betupfte die Ballerina den Glanzmund vor jedem Schluck mit der Serviette. Das Essen erstreckte sich über Stunden. Erst hielt das Paar sich im illuminierten Garten auf. Dann im Haus. Kerzen mußten angezündet und die Katze vom Kissen verjagt werden, ehe der Keramiker mit der Ballerina aufs Sofa sinken konnte.

Das Paar lag im Sichtbereich von Ihmdaoben. Gleich einem Dîner-dansant-Dampfer trieb das Chalet durch die Nacht. Kupferschmid zieht die Vorhänge nie zu. Und Tina war Öffentlichkeit gewohnt, mit jeder Faser auf Publikum eingestellt, wartete nur darauf, im hell erleuchteten Zimmer eine Vorstellung zu geben. Wir haben das Paar nicht beobachtet. Wie gesagt, wir wußten, was kam. Was kommen mußte.

Tina hat sich in die Kissen gelehnt und geseufzt. Zweifellos auf dem Sofa die Windungen vollführt, die sie am Barren, am Steinsammler und an Leo geübt hatte, in einer Hand den Champagnerkelch, die Schuhspitzen auf dem Boden. Und der Keramiker nestelte, lockerte, raffte das Kleid. Sie bäumte sich unter ihm. Sie schwang ihr Becken. Wehrte sich, ohne einen Tropfen Champagner zu verschütten. Rutschte nicht unter dem Keramiker weg. Sagte die bekannten Sätze, die auch Theres gesagt hat, die jede sagt.

Ich bin nichts ohne dich. Ein Blatt bin ich im Wind.

Undsoweiter. Schall und Rauch. Ein Akt. Vollzogen und vergessen.

Irgendwann schnellte sie auf, ordnete ihr Haar, zog das Kleid glatt und stürzte mit einem Blick auf die Armbanduhr aus dem Chalet.

Prost! Anatol.

Die Nachbarn heben das Glas.

Am Gehege der Brahmahühner flirren Federn. Der Wind hat sie vom Boden des Hühnerhofs in die Luft gehoben und gegen die Drahtmaschen geweht. Der nächste Platzregen wäscht sie vom Geflecht. Und es ist wieder Platz am Maschenzaun für die im nächsten Kampf verlorenen Federn.

Jeden Nachmittag haben die Ruhenden diese Federn vor Augen, die sich nach kurzem Flug im Zaun verfangen haben, daran aufwehen, aufflattern, als ob etwas auszurichten wäre.

Der Steinsammler hat auf die Rückkehr seiner Geliebten gewartet.

Vielleicht nahm er einen Stein zur Hand. Er erwartete sie mit einem Stein. Vielleicht schleifte er in der Phantasie eine Skulptur heraus. Zwei Liebende in ihrer nie endenden Umarmung.

Verwandelte seinen Sturz ins Bodenlose im Kopf in ein Schmucksteinobjekt. Konnte den Anblick eines brutalen Akts nun in umgewandelter Form, als Kunstwerk ertragen.

Tina fand bei ihrer Rückkehr keinen Verzweifelten vor. Er beschäftigte sich mit seinen Steinen.

Sie gähnte, ging in ihr Zimmer, ohne ein Wort. Im Vorübergehen ließ sie die Ballettschuhe am Bändel auf den Teppich fallen.

Das Mädchen schenkte dem Keramiker ein Achat-Ei für den Sims über dem Kamin.

Es schob die Souvenirs seiner Freundinnen zur Seite und rückte das Achat-Ei aus dem Fundus des Liebhabers in die Mitte des Simses. Es steht noch heute auf dem Sockel eines umgedrehten Weinglases und hebt sich von den übrigen Nippsachen ab.

Auch der Bajazzo ist Kupferschmid geschenkt worden. Auch die Biskuitschäferin, die Holzente. Erinnerungen an eine Nacht, an Ortswechsel und Trennungen. Bei unserem Nachbarn hat jeder Herzschlag Form angenommen. Auf die Fülle dieses Kaminsims blickend, wundern wir uns, wie einer das übersteht: Liebe um Liebe, Trennung über Trennung.

In der Geschenk-Boutique von Wilimoos tauchen immer neue Nippsachen auf. Es gibt einen Wirtschaftszweig, der ununterbrochen Gegenstände zum Aufstellen und Sich-Erinnern produziert, die Wechselfälle des Lebens pausenlos mit Zierrat ausstattet. Damit etwas zurückbleibe. Damit eine große Hoffnung, ein kühner Lebensentwurf in einer Allerweltsphantasie weiterbesteht und auf einem Kaminsims verstaubt.

In den folgenden Wochen schleppte Kupferschmid neue, unbekannte Tropenpflanzen, Übertöpfe und seltene Tiere an. Das Flechtwerk wob alles in seine Verschlingung. Und die vier Personen stellten das unverwüstliche Benutzermaterial der Palminsel dar.

Man sah ihn in seinem Chalet beim Malen.

Jeden Dienstagabend besuchte er den Porzellanmalkurs in Wilimoos. Von allen Männern besuchte ausgerechnet der Moto Guzzi-Fahrer als erster diesen Kurs. Mit einem Dutzend Frauen strichelte er unter einer Lupe an Porzellanstücken herum, senkrechte Falten zwischen den Augen, den Mund gespitzt, die Schultern vogelartig aufgebogen, vollkommen in die Goldschneckenumrandungen und Rosensträuße vertieft. Und die Malfrauen flatterten alle Augenblicke zu ihm, um seine Streurosen zu bewundern.

Der Keramiker hat die Frauenwelt von Wilimoos mit seinen Täßchen und Kännchen und Väschen gerührt.

Eine neue Art Mann.

Von Woche zu Woche wurden seine Schattierungen natürlicher. Und er wagte sich an feinere und üppigere Motive. Strichelte mit einem beinah unsichtbaren Pinselchen seinen Zustand in die Schattierungen und Konturlinien der Rosengebinde hinein.

Es gab keine Worte für seine Erschütterung. Nur Worte, die auch für ein Schadenereignis zu Handen einer Versicherungsgesellschaft gültig gewesen wären. So daß dieser Zustand ebensogut mit einem Rosenblatt ausgedrückt werden konnte.

Kupferschmid bemalte nacheinander einen

dreiarmigen Kerzenständer, einen Kuchenteller, Kuchenbesteckgriffe und ein Mokkaservice. Er geriet in ein Verschönerungsfieber, einen Streuröschen- und Vergoldungsrausch. Bis er die Blumengebinde und Zierränder mit geschlossenen Augen herstellen konnte.

Unser Nachbar wurde als Porzellanmaler ein Begriff. Wie *Die Turnerin im Tigerbody, Der Tote im Tarnanzug, Die Witwe im Ferienparadies, Der Steinsammler im Seidenkimono.* Man konnte sich diesen Menschen jederzeit über seine Malerei gebeugt vorstellen, einen Pinsel zwischen den Fingern, das Porzellan vor sich auf einem Leinenlappen und im Halbkreis einen Flakon Goldfarbe, Tiegel mit Nelkenöl und Terpentin, vom Lampenschirm in ein rötliches Licht getaucht.

Wenn er nicht malte, telefonierte er. Seine Füße auf dem Samt des Stuhlpolsters klappten dabei auf und zu. Und lachend ringelte er eine Haarsträhne um den Zeigefinger.

Tina rief zu jeder Tages- und Nachtzeit an. Besaß nicht nur die Privat-Telefonnummer, sondern auch die Nummer seines Labors. Denn oft riß er bei seiner Rückkehr ein Hemd von der Wäscheleine, bügelte es und donnerte davon. Manchmal wartete die Ballerina auf ihn. Sie schwang sich auf den Sozius. Kupferschmids Knierippen berührten in der Kurve die Straße. Und fort waren sie. Flogen zusammen in den Glast.

Das Paar hüpfte wohl irgendwo ins Dickicht, im Rennen die Verschlüsse des Ledergewands aufreißend. Es liebte sich. Setzte den Helm aufs Tannreis gespickte Haar und berührte mit dem Lederknie die Kurven zum nächsten Halt.

Es gefiel Tina, eine Romanze zu haben. Das Schicksal von Männern zu sein. Ratlosigkeit und Qual in den Augen eines Bewunderers zu erkennen. Sie war gern jemandes Verhängnis, angefleht, geohrfeigt und ans Herz gedrückt.

Aus den Knittern des Kleids konnte der Steinsammler die Griffe des Nebenbuhlers ablesen. Er hat seine Taube an die Brüste gefaßt, die Hüften, die Schenkel.

Theres wie Tina haben nicht überlegt, ob ihr Treiben den Mann verletzt, der wie ein Vater war. Benahmen sich wie tausend andere, die ihren Partner durch Kränkungen reizen, um ihn nach seinem Gefühlsausbruch beleidigt abweisen oder verlassen zu können.

Im Teich ist dem Steinsammler die Geliebte in tausend Brechungen und Posen erschienen. Bäuchlings auf dem schwarzbezogenen Bett von

Anatol Kupferschmid, das Kinn auf den abgewinkelten Handrücken gestützt, die Rehkitzaugen mit Kohle nachgezogen, ein perlendurchstochenes Satinschleifchen zwischen den Büstenhalterschalen, den Spitzensaum des Höschens lose um den Schenkelansatz gewellt, ihre diamantbesetzte Piagetuhr auf der Leintuchfalte.

Erdaoben hat die Hände vors Gesicht geschlagen, ist in das Dämmerlicht seines Hauses zurückgekehrt.

Life has to go on, werden die Nachbarn zu Kupferschmid sagen, und die Dicke wird die Maschen auf ihrer Nadel zählen.

Er sei dem Steinsammler nie gegenübergestanden, wird Kupferschmid zugeben. Er kenne diesen Mann nicht. Habe ihn im Auto vorüberfahren oder von fern reglos auf der Krete im Gegenlicht stehen sehen.

Beim zweiten Hinschauen hat sich die Gestalt in Luft aufgelöst.

Eberhards und Gwerders teilen mit, daß man Ihmdaoben Beeren vor die Tür gestellt habe. Einen Sessel im Palmengarten angeboten habe.

Er hat abgelehnt. Oder sich verleugnen lassen.

Der Steinsammler halte sich fast nur noch in seiner zerfallenen Villa auf. Abseits der Konfusionen. Im Dämmerlicht der Draperien. Man hat ihn sich mit einem gestickten Drachen auf dem Kimono vorzustellen. Auf und abgehend. Oder dasitzend, vorgekrümmt, die beschädigte Gesichtshälfte im Dunkel. Auf dem Rücken die feuerfarbene Furie. Augenrollend schnaubt sie ihre Wut in die Seide und tobt auf einen nicht erkennbaren Feind zu. Bis sie an einem Tag mit peitschendem Schwanz und gespreizten Krallen flammend aus dem Gewebe bricht.

Erdaoben hat über uns hinweggeblickt.

Manche Menschen sind nur an ihrem Park interessiert, an ihrer Sammlung oder der Anordnung ihrer Vorhangfalten.

Der Steinsammler ist sonderlich geworden. Seiner Marmornen im Zwielicht des Parks, seinen Büchern und Steinwelten verfallen.

Seit Theres ihn verlassen hat.

Er verbirgt sein zerbrochenes Gesicht. Duldet nur Tischlampen, richtet deren Lichtkegel auf seine straffe Gesichtshälfte, sein Jünglingsgesicht.

Ein Späher hätte ihn versunken vor der Vitrine stehen sehen, von der Tischlampe in eine Licht- und Schattenseite gespalten. Er hielt eine Eule aus Labradorit in der Hand.

Ihre Telleraugen, Anatol, haben ihn angestarrt, wachsam, ohne Freundlichkeit, ohne Bosheit. Seine zwei Gesichter angestarrt.

Er fuhr sich mit der Hand über die Augen. Etwas wie Schrecken im Gesicht. Der Steinsammler muß sich mit den Augen dieses Nachttiers betrachtet haben. Er muß erkannt haben, daß diese Eule, wäre sie nicht aus Stein, ihre Augen längst einem interessanteren Objekt zugewendet hätte. Ihren Kopf um eine halbe Drehung gekehrt und damit jede Beziehung abgebrochen hätte.

Er hat begriffen, daß seine Sammlung, Figur für Figur, vom Sockel geklettert, geflogen, gehüpft und Aufnimmerwiedersehen aus seinem Dämmerlicht verschwunden wäre. Und diese Welten sich mit einem Lidschlag in Nichts aufgelöst hätten.

Auch Tina begann zu zeichnen. Sie, die immer nur tanzte.

Der Steinsammler sah sie ihre ersten Linien und Kreise ziehen. Sie hielt einen Strauß Farbstifte in der Faust und zeichnete, andächtig, zwei Schneidezähne auf der Unterlippe.

Sie ließ ihn zusehen. Warum nicht? Er war ein Nichtvorhandener.

Plötzlich sprang sie auf und rannte aus dem Tor, die Zeichnung unter dem Arm.

Der Steinsammler wußte, sie geht zu dir, Anatol. Sie zeigt dir ihr Werk. Und du führst sie zu den Neuanschaffungen im Garten. Sie bückt sich nach einem Hühnerei, hebt es aus dem Stroh und streichelt die Schale. Du bist über das Mädchen und sein Ei gebeugt, über eine Geliebte, die das Entdecken entdeckt und Grenzen versetzt.

Fragt Kupferschmid nach ihrer Adresse, wird sie still.

Warum riskieren, daß der Chef sich über die Verliebtheit seiner Sekretärin lustig macht? Ein alter Mann, der diese Gefühle vergessen, vielleicht nie kennengelernt hat?

Stundenlang, sagt sie, möchte sie mit Anatol telefonieren, tagelang, sich nur mit ihm befassen. Der Chef verbietet Privatgespräche.

Ein gehetzter Ausdruck erscheint in Tinas Gesicht. Ein trauriger Unterton schwingt in den Antworten mit. Sie hat die sandige, rauhe Stimme in die Enge getriebener Menschen.

Es mache ihr Mühe, so hart zu Anatol sein zu müssen.

Die ersten Lügen.

Die einsamen Wochenenden.

Der Werktags-Geliebte ist am Sonntag dem Vorrücken seines Uhrzeigers ausgesetzt. Bringt die Stunden bis Montag hin. Stellt sich vor den Spiegel und läßt sein Glied um die Finger schlenkern. Während draußen der Rasenschnitt duftet, Ringeltauben sich paaren, das Wasser in den Brunnenschalen überfließt, Blüten aufplatzen und welken.

Um nicht das Telefon zu blockieren, hat Kupferschmid keine Bekannten angerufen. Die Tanten baten Herrn Eberhard, nach ihrem Neffen zu sehen, diesen diskret auf familiäre Bindungen hinzuweisen. Ein Mensch brauche Schlaf, ordentliche Verhältnisse, ein sauberes Heim, kein Lotterleben.

Ob Anatol ihren Schafwollpullover trage? Die Aniskrapfen esse? Warum er nicht anrufe? Warum er wolle, daß sie sich Sorgen machten?

Wenn die Nachbarn ihn husten hörten, schickten die Tanten Hustensaft.

Die Ballerina hat dafür gesorgt, daß dem Keramiker die Palme nicht in den Himmel wuchs. Als er hier ankam, schlugen seine Stiefel Funken aus unserer Straße.

Er ist nicht mehr derselbe. Man muß ihn nur malen sehen. Wie er sich abmüht mit dem fliegenbeindünnen Pinselchen. Als meine er, mit dem letzten Pinselstrich auf der letzten Tasse von seinem Zweier-Service könnte etwas Neues beginnen, das vollkommen wäre, von Anfang an.

Man ist an Leo Blum erinnert, der im Laster bei jedem Wetter über Pässe donnerte, um pünktlich vor der Ballettschule anzukommen, aus Furcht, die Elevin könnte in ein anderes Auto steigen.

Die Nachbarn pflücken aus den zahllosen einsamen Abenden einen heraus. Werfen ihn wie Zauberer in den Dunst.

Kupferschmid malte an seiner zerbrechlichen Aussteuer. Regenschleier stoben übers Chalet. Die Tropfen hämmerten auf die Dachziegel.

In seinem erleuchteten Wohnzimmer war Kupferschmid über seine Malerei gebeugt. Aber er malte nicht, sein Blick war auf ein Bild in seinem Inneren gerichtet, er schien entrückt. Vielleicht ließ er auch nur die Verzierung trocknen.

Er war wie aufs helle Futter eines Weihnachtskalenders gemalt. Dunkel hoben sich auf der Krete die Mauerumrisse ab und erinnerten an die Festung von Dracula. Hinter zwei Fenstern brannte mattes Licht.

Ein Ast brach durch die Bäume des Parks. Und man wurde sich bewußt, daß man keine Landschaft aus Papier, sondern wirkliche Häuser mit wirklichen Bewohnern vor sich hatte.

Hinter den Fenstern auf der Krete waren Gestalten zu erkennen. Sie bewegten sich. Bald tauchte der Steinsammler hinter dem Fenster seiner Geliebten auf. Vielleicht bildete man es sich auch nur ein. Sie hatte beim Zucken des Blitzes den Namen ihres Liebhabers gerufen. Oder im Gegenteil, ließ trotz des Gewitters keinen Laut von sich hören, so daß er beunruhigt in ihr Zimmer geeilt war. Er fand dort Tina in ihrem bis auf die Füße fallenden Nachtgewand am Fenster vor, reglos, schmal und zerbrechlich. Man meinte, ihre Stimme zu hören.

Was willst du? fragte Tina, mit dem Rücken zu ihm.

Er suchte nach einer Ausrede.

Ich bin gekommen, weil ich nach dir sehen wollte.

Seine Stimme schien aus einer Gruft zu hallen. Er nahm den Schildpattkamm von der Frisierkommode auf. Seine Bewegungen zersprangen in den geschliffenen Kanten der schwenkbaren Spiegelflügel in regenbogenfarbene Stücke.

Jetzt hast du mich gesehen, gab die Schöne zur Antwort. Ein Blitz zuckte auf. Das Hundeknäuel auf dem Bett wurde von seinem Schein erhellt, das Ballettkleid aus Tüll, die Pfauenfedern auf der Frisierkommode.

Der Kamm fiel dem Liebhaber aus der Hand. Da bewegte sich die Schöne, der Spitzensaum glitt über den Boden.

Sie hat getanzt, Nachbar. Sie hätte auch töten

können. Bei jedem Blitz leuchteten die Bändel an ihren Handgelenken auf.

Was weiß Tina? Was hat sie begriffen? Nicht bloß zu einem Haufen Lebensplunder zusammengerafft, sondern wirklich begriffen?

Nichts ist los in diesem Wilimoosdorf, klagt sie. Es wird renoviert. Ein neues Friedhofreglement liegt vor. Eine neue Zonenordnung. Ein Katalog von Forderungen. Ein Stoß unerledigter Begehren. Längere Festtische für die Bierflaschenreihen unserer Festbesucher. Eine Autowaschanlage, die achtzig Autos in der Stunde durch ihre Bürsten treiben kann. Die übliche Ozonbelastung, die üblichen Waldschäden, die übliche Landestemperatur. Der gewohnte Dunst. Kein Nachtleben. Kein Tagleben. Leute, die dösen oder auf die Autobahn starren, und die erwachen, wenn das Kartenhaus des Nachbarn in sich zusammenfällt.

Die Welt braust vorbei, kaum daß jemand den Kopf nach uns dreht. Sie verläßt das Durchfahrland. Wie soll ein Mädchen es hier aushalten? Theres hat es auch nicht ausgehalten.

Kupferschmid räumte sein Porzellan und seine Farben beiseite, um Tina zu suchen.

Er hat ihr Bild dem Wind vorgelegt, damit dieser sie festhalte, wenn er sie träfe. Da, dort, eben noch hier, wispert die Palme. Nirgends, lachen die Sterne, und der Himmel schüttet sich vor Lachen aus.

Auf der Moto Guzzi fuhr er von Dorf zu Dorf. Überall kennt man ein Mädchen, auf das die Beschreibung paßt. Überall lebt ein alter Mann mit einer jungen Frau unter einem Dach.

Frau Gwerder habe den Suchenden zur Krete gewiesen.

Die junge Frau sei mit Hunden zum Park hinauf gewandert.

Das Eberhardhaus bekam einen himmelblauen Anstrich und taubenblaue Fensterläden. Als die Witwe von der Reise zurückkehrte, hob sich nicht mehr nur das Chalet vom weißen Septemberhimmel ab. Die Blum vergaß ihre Samsonitekoffer, starrte das Himmelhaus an. Der Gigolo trug das Gepäck hinter ihr durch den verdorrten Garten. Er nahm nun die Geschäfte der Witwe in die Hand, seine Stimme schallte durchs Haus. Seine Anordnungen galten.

Zu den Filmvorführabenden wurde nun auch Kupferschmid geladen. Seine Nachbarn führten das Einpflanzen des Mandelbaumes vor. Das Schaufeln. Das Blühen. Die Rosabälle im Geäst.

Mitten in der Vorführung erhob sich Kupferschmid. Er brauste nach Wilimoos, umfuhr den Dorfbrunnen und donnerte zur Krete hinauf.

Mit dem Stiefel trat er gegen die schmiedeeisernen Eichenblätter des Tors.

Wie Erdaoben geschaut haben wird! Plötzlich steht der Moto Guzzi-Mann mit gegrätschten Stiefeln und Silberreißverschlüssen zwischen den Fluchtlinien aus Buchs. In Schußweite. Wie eine Mannscheibe.

Der Keramiker hatte das Herrschaftshaus zum ersten Mal vor sich. Es verfällt in seinem Park, während die tiefer gelegenen Arbeiterhäuser sich hinter ihrem Baugerüst wie zum Hohn in Vorzeigebauten verwandeln. Haus für Haus.

Er glaubte, Musik zu vernehmen. Musik erfüllte das Gemäuer, wenn Tina tanzte. Mitten in der Melodie brach die Musik ab, setzte ein, die gleichen Takte, wieder und wieder.

Er meinte, die Melodie zu kennen. «Der sterbende Schwan.»

Vorhänge verwehrten den Blick in die Bogenfenster. Der Steinfrosch spie seinen Wasserstrahl in den Wind. In Abständen stürzten die Perlen einer Wasserkette von einem Lanzettenblatt. Und die verwehte Kaskade ließ einen Tropfenschwall über die Schilfblätter prasseln.

Er ist vom Motorrad gestiegen.

Hinter den geschorenen Bäumchen aus Buchs hat er etwas Helles bemerkt, die Marmorfrau, halb verdeckt vom Schilf, mit dem Rücken zu ihm, das Haar auf dem Scheitel zu zwei gezwirbelten Haarsträngen geschlungen, einen Köcher über der Schulter, das Gesicht zur Wasserfläche, den rechten Arm zum Köcher gebogen. Im Begriff zu töten.

Er meinte, Tina zu sehen.

Als Kupferschmid mit abgeschaltetem Motor von der Krete zum Chalet zurückrollte, eine Hand auf dem Lederknie, wandte er das Gesicht immer wieder zum Park zurück. Als wäre ihm dort etwas Unerklärliches, Unglaubliches passiert.

Wann kommst du? Wann rufst du wieder an?

Die spärlichen Besuche der Ballerina haben dem Keramiker nicht genügt. Er muß sie immer um sich haben. Jede Minute. Am Tag und in der Nacht.

Sie seufzte. Oder lächelte. Oder betrachtete die losen Bändel ihres Ballettschuhs.

Stehst du einem Bildhauer Modell? Kennst du die verfallene Villa im Park? Erzähl mir von dir!

Sonnen gehen auf, wenn sie lacht. Sie wedelt mit der Hand durch die Luft. Das genügt als Erklärung. Damit hat sie alles gesagt über sich und diesen Mann, der wie ein Vater ist.

Oh, welche Hindernisse hat Tina zu überwinden, um Anatol zu sehen.

Jede Stunde, die wir zusammen sind, stehlen wir einem hilflosen alten Mann.

Grausamkeit widerstrebe Tina. Verzichtet Anatol nicht auch für seine Katze, Hühner, Fasanen, Tauben, den Pfau auf Ferien? Steht er am Morgen nicht eine Stunde früher auf und kehrt am Abend rechtzeitig zurück, um die Tiere vor Einbruch der Dunkelheit in den Schutz des Hühnerhauses zu treiben? Schürft er sich nicht die Haut von den Händen, wenn er seine Fasane von den Bäumen holt?

Ich habe nicht nur Tanzen und Vergnügen im Kopf. Oder möchtest du das? Wäre ich dir lieber so?

Die Ballerina wußte, was zu sagen war. Hat die Antworten lange genug an Leo, Armin und dem Steinsammler geübt.

Die Geblümte wird wieder zu weinen beginnen. Sie zeigt zur Wiese, wo dieses Mädchen seit drei, vier Jahren Pirouetten um ihren Ehemann tanzt.

Sie springt auf, um Salznüsse zu holen, Gläser nachzufüllen, die Zeitschrift aufzuheben und ihrem Mann als Sonnenschutz wieder auf den Kopf zu legen. Die Bedienten blicken zur Autobahn, zu der Kette der Durchreisenden, ohne Anfang und Ende.

Wir sind tatsächlich Lebenskünstler. Freuen uns über ein volles Glas mit Zuckerrand und

Blütenspieß. Über das Geglitzer auf der Autobahn. Über ein Nichts.

6

Kupferschmid wollte das Rätsel der Marmorfrau auf der Krete lösen. An einem Mittag, da man ihn mit Problemen der Hochtemperatur-Supraleiter beschäftigt glaubte, rollte er zum zweiten Mal in den Park. Kehrte aber sofort zurück und fuhr mit übersetzter Geschwindigkeit am Chalet vorbei. Erst bei Einbruch der Dunkelheit tauchte er am Schattenhang wieder auf.

Der letzte warme Sommertag. Das Laub verfärbte sich. Blätter taumelten von den Bäumen. Frau Eberhard nahm im Teich auf der Krete ihr Bad. Sie hatte sich an die Wärme des Tümpels gewöhnt. Besucht ihrer Gewichtsprobleme wegen niemals ein öffentliches Bad. Verborgen vom Schilf schwankt sie in einem aufblasbaren Gummisessel auf der Wasserfläche und liest einen Kioskroman. Die aufgedunsenen Arme hat sie auf die Gummiwulst der Lehne gestützt, ihre Brüste liegen auf dem himmelblauen Kugelbauch. Baumlicht färbt das gelockte Kunsthaar ihrer Badekappe grün. In Abständen strampelt die Dicke ihren Sessel in eine andere Richtung. Geplätscher dringt durchs Schilf.

Der Eindringling ist zu den Buchsbäumchen gerollt.

Er hat diese aus ihrem himmelfarbenen Anzug platzende Person entdeckt, die aus dem gleichen Material wie der kanariengelbe Gummisessel geschaffen schien, von irgendwem aufgeblasen und mit versenkten Kunststoffstöpseln auf die Wasserfläche gesetzt. Und da bewegten sich nun die motorbetriebenen Schenkel auf und ab und ließen dieses Gebilde im Kreis herumschaukeln.

Er hat die Plätschernde im himmelblauen Lastexanzug erkannt.

Sieht Frau Eberhard jeden Morgen beim Kämmen, jeden Mittag fällt sie in seinen Sessel und strickt. Ihr Mann verfolgt das Rucken der Wollfäden, schlägt mit der Hand durch die Luft, als müßte etwas geschehen. Dann schleicht er mit einer Kanne zum Loch der Maulwurfsgrille, gießt Öl hinein und wartet, bis diese luftschnappend mit verklebter Rachenöffnung heraustorkelt, um sie blitzschnell zu zertreten. Jeden Abend ist eine Blutspur vom Granittisch zu wischen, weil Gwerder seine Karten mit der Faust auf die Platte knallt. Und die Dicke hebt ihren Fuß vom Blumenkissen und bietet Kupferschmid auf seinem Sessel einen Platz an.

Nun trifft er sie auch im Park. Die Nachbarn

besetzen nicht nur seinen Garten. Sie sind der Mittelpunkt von jedem Bild.

Er flüchtet aus dem Park.

Es wird nicht seine letzte Fahrt zur Krete sein. Er wird wieder hingehen. Wieder das Tor eintreten.

Immer öfter nahmen die vier das Abendessen auf dem Sitzplatz ein. Kupferschmid luden sie ein. In seinen Garten. An seinen Tisch.

Setz dich!

Niemand kann sich dem Hühnerschlachten, Federrupfen, dem Surren des automatischen Grillapparates, dem Rauch und Brutzeln des verbrannten Fetts entziehen.

Dieses Mahl spielt sich jeden Abend nach demselben Muster ab.

Der Glatzköpfige legt Kupferschmid ein Stück Hühnerbrust auf den Teller. Wenn dieser aufzustehen versucht, drückt ihn sein Nachbar in den Sessel zurück.

Das Telefon hat nicht geklingelt, sagt er. Oder: Laß es läuten, Anatol. Wir kommen ohne Zweitschönste aus. Soll sie bleiben, wo sie ist! Soll sie anderer Leute Leben komplizieren.

Die Nachbarn reißen das Fleisch mit den Zähnen vom Hühnerknochen. Sie kauen, sie schmatzen, sie lecken sich die fettigen Finger ab, haben immer neue Flaschen vor sich auf dem Tisch. Falter fallen mit verschmorten Flügeln zwischen die Teller, schwirren auf dem Rücken im Kreis und bleiben mit verkrümmten Beinen liegen.

Die blutjunge Geliebte des Steinsammlers geht beim Keramiker ein und aus, hieß es in Wilimoos.

Es war nicht das Tagesgespräch. Ein Lächeln wert, ein paar Worte in der Kaffeepause.

Theo Eberhard erstattete den Tanten Bericht. Ein junges Ding. Zu jung für den Neffen. Er erwartet sie mit einem Geschenk. Sie pflückt Orchideen und sammelt Pfauenfedern, während der Gute den Sprühregen verlegt, seine Tiere füttert und das Essen zubereitet. Das Mädchen muß nicht einmal eine Whiskas-Büchse öffnen. Nur da sein. Mit Bleistiftabsätzen in den Rasen einsinken, in einen Sessel fallen und einen Jasmintee verlangen. Die Ballerina verlangt alles. Wie Theres immer alles verlangt hat, Leib und Seele, Haut und Haar.

Was denkst du? Was hast du eben gedacht? Du hast etwas überlegt, was? Du hast gezaudert, warum?

Kupferschmid ist dankbar, wenn sie erscheint. Hat Mitleid mit dem alten Mann. Zeigt Verständnis für Tinas unvermittelten Aufbruch.

Sie winkt aus einem Taxi. Und verschwindet in der Nacht. Auf irgendwelchen Umwegen kehrt sie zu ihrem Geliebten zurück.

Warum? Man kann es sich denken.

Wo ist das Geschenk? habe Theres jeweils gerufen. Und sei ihm in die Arme gefallen.

Erst Theres, dann Tina. Eine wie die andere hat seine Finger aufgebogen und den gefalteten Scheck aus seiner Hand genommen.

Der Keramiker glich dem Steinsammler von Tag zu Tag mehr.

Er verlor den Sinn für Tatsachen. Legte sich Erklärungen zurecht. Tina wird von ihrem Chef ausgenützt. Ihr Studium kostet. Sie benötigt einen Zusatzverdienst. Sie steht Modell.

Er hat das Marmorrätsel auf seine Art gelöst. Der Mensch betrügt sich, ein Geschöpf, das ins All hinausfliegt, Gene manipuliert und Prozesse in Gang zu setzen versteht, deren Tragweite nicht abzusehen ist, dieses außerordentliche Wesen mit seinen außerordentlichen Fähigkeiten übersieht die offensichtlichsten Tatsachen. Und wenn sie ihn einholen, begreift er sie nicht. Und wenn er sie begriffen hat, kann er nicht damit leben.

Tina ließ sich vom Ballett abholen. In die Stadt fahren. Beim Schaufensterbummel begleiten. Sie lehnte an Kupferschmids Ledergewand, zeigte aufgeregt auf die Auslage. Man sah förmlich Sprechblasen sich aus ihrem Mund lösen. Oh, ein Venini-Glas, diese Farbe, diese Form. Hier das Schmuckkästchen aus smaragdgrüner Rochenhaut, es muß sehr kostbar sein, heute versteht niemand mehr, diese Haut zu verarbeiten.

Man konnte den leisen Aufschrei hören, mit dem Tina sich auf einen Benetton-Pullover stürzte. Er hat genau ihre Farben, trifft genau den Ton in ihrem Farbenpaß.

Sie kuschelte sich in den Arm ihres Keramikers. Als friere sie. Müsse beschützt werden vor Dingen, die durch Glas getrennt sind von ihr.

Der Keramiker konnte ihre Bedürftigkeit nicht ertragen. Er zog Tina, du mein Alles für Immerundewig, in den Laden.

Der Steinsammler hat das Paar gewähren lassen.

Die Lust am Leiden kann nicht erklärt werden.

Er hat Schmucksteinfiguren aus dem Regal gehoben, die Sockel gereinigt, das Halbedelsteingefieder der Vogelskulpturen poliert. Als wäre nur so sein Elend zu vergessen. Man muß sich das vorstellen: Er hat das Poliertuch in der Hand. Vor sich die flugbereite Schwalbe, die sich in ihre Silberbeine duckt. Dieser Vogel in seiner steten Abflug-Bereitschaft. Als hätte er keine Lust, in einer Sammlung, unter Verzicht auf das eigene kurze, wilde Leben bewundert zu werden. Und noch viel weniger Lust, Augentrost für Verlassene darzustellen. Er federt sein Gewicht in den silbernen Gelenken, aber er fliegt nicht, wird niemals fliegen. Wird alle Wechselfälle des Lebens und alle Änderungen der Besitzverhältnisse überdauern.

Keine Sammlung kann das Bild der betrügenden Geliebten vergessen lassen.

Aus den Augen der Vogelskulptur ist ihm Tina entgegengekommen, aus jeder Schwinge, jeder Feder. Wie in Serie hergestellt, Barbiepuppen. Sie kamen auf ihn zu und gingen an ihm vorbei, unaufhaltsam einem andern Mann und einem andern Ort entgegen. Vielleicht in der Absicht, Strände wie die Côte d'Azur mit noch mehr Titelblattfrauen zu zieren, im Strandauto über die Promenade zu fahren, auf dem Rücksitz die Hunde, unterwegs zu einer noch interessanteren, aufregenderen Welt. Und wenn Menschen, Tiere und Pflanzen von Katastrophen längst fortgerafft sein werden und nichts sich mehr rührt, nur eine letzte Maschine noch stampft, wird ein Fließband endlos solch unverwüstliche Stanzfiguren in wechselnden Fahrzeug-Untersätzen, mit wechselnden Hunderassen auf dem Rücksitz in die Welt hinausrollen. Und da fahren sie dann über Leichenberge ins kommende Jahrtausend, rank und schlank und mit dem gleichen forsch nach vorn gerichteten Gesicht.

Sie schafft ihr Gepäck zur Tür.

Meine Arme sind schwer vom Steingewicht.

Ich kann den Brocken nicht werfen. Bin nicht geschaffen, um Steine auf Menschen zu werfen. Auch ein Mensch hat sein Gesetz, seine einmalige Färbung und die unabsehbaren Knicke. Er kann nicht zu jeder Figur zugeschliffen werden.

Der Park nimmt der Sitzgruppe das Sonnenlicht. Der Schatten wächst der Senke entgegen. Bald kehren die Werktätigen zurück, und ein Motorrad braust von Wilimoos herauf.

Noch herrscht Stille. Die Strickende schiebt die Maschen paarweise über die Nadel. Ihr Mund ist in den Halswulst gerutscht, das Strickmuster verlangt Aufmerksamkeit.

Man kann mir wegen Theres nichts vorwerfen. Sie seufzt.

Man werfe ihr nichts vor, niemand.

Die Geblümte ermahnt ihren Mann, nicht immer auf die Uhr zu sehen. Sie preßt die Finger gegen die Schläfen. Ihre Stimme ist ungewohnt scharf. Sie kennt diesen Blick auf die

Armbanduhr. Hat in zahllosen Ehejahren ein drittes Auge entwickelt. Kann damit die Gedanken ihres Mannes hinter seiner Zeitschrift lesen. Armin will aufstehen, sich die Beine vertreten, seine innere Uhr ist aufs Ende der Ballettstunde eingestellt.

Kupferschmid hat es nie eilig, zu seinen Nachbarn zu stoßen. Er rollt zum Chalet, setzt die Stiefelspitzen auf die Straße und verharrt. Nach einem Tag hinter Milchglasscheiben braucht er Zeit, seine Rückkehr zu den Spukgestalten in seinem Garten zu begreifen. Seine Finger tasten über die Armaturen. Aber es gibt keinen Knopf, um die Figuren verschwinden zu lassen.

In der Küche füllt er die Futterschüsseln für seine Tiere. Die Palme steht im Sichtbereich seiner Küche. Er hat die Nachbarn hinter ihrem Kartenfächer oder ihrem Glas im Blick.

Was gibt es Neues in der Welt?

Die Nachbarn rufen durch die offene Küchentür.

Was soll Kupferschmid antworten? Er ist vor Geräten gesessen, er hat sich mit Daten abgegeben. Mit Zwischenresultaten. Keine Magnetringe über supraleitenden Keramikscheibchen schweben lassen. Keine Zaubertricks gemacht. Er hat keinen Unfall, keine Katastrophen und Skandale erlebt.

Jeden Abend ruft Herr Eberhard die Rekordzahl des Nachmittagsverkehrs in die Küche. Kupferschmid ist in dieser nie abreißenden Schlange nach Hause gefahren.

Die Dicke schüttet sich die letzten Salznüsse in die Hand und schreit, daß die Bewohner von Wilimoos langsam ersticken. Wir alle, wie wir hier sitzen. Anatol etwas früher. Weil er sich nicht an den Ratschlag des Radios hält und nicht jede Betätigung unterläßt.

Die Salznüsse verschwinden in ihrem Mund.

An die Besuche von Tina mußten die Nachbarn sich gewöhnen. Sie erhoben sich von den Sesseln, wenn die Hunde bellten, verließen den Tropengarten, ohne ausgetrunken oder die Nadel zu Ende gestrickt zu haben.

Wir wissen, was sich gehört, Anatol.

Sie schalteten zu Hause den Fernseher ein und taten einen Blick in die Welt.

Das Chalet glühte aus der Dunkelheit. Dieser Liebesdampfer trieb mit Musik durch die Nacht. Falter taumelten ans Lampenglas. Aber da war noch etwas anderes, als das Zischen ihrer verschmorenden Flügel, da muß noch etwas anderes gewesen sein. Eine Flüsterstimme. Sie raunte dem Keramiker einzigartige Worte ins Ohr. Die Ballerina sagte Gedichte auf, pathetisch, falsch, schwang dazu die Arme, als erschaffe sie zu den Versen die Welt. Mit dem letzten Wort schleuderte sie ihre Mähne aus dem Gesicht.

Nach einer Pause ließ sie sich auf ihren Sessel fallen. Zeigte auf Punkte in der Unendlichkeit, nannte den Namen eines Sternbilds. Immer deutete sie auf die falschen Sterne. Den Keramiker störte das nicht. Wenn sie nur da war. Auf seiner Insel des Lichts.

Selbstverständlich konnten Tinas Besuche nicht von Dauer sein.

Wir haben dieser Geschichte ein paar Wochen, höchstens Monate gegeben.

Sie hat länger gedauert als erwartet.

Dem Keramiker gegenüber verloren sie über Tina kein Wort. Sie waren auf der Hut. Wollten sich nicht den Mund verbrennen, nicht riskieren, daß der Besitzer des Palmengartens seine Nachbarn aus dem Paradies vertrieb.

Wir würden gehen, natürlich, jeder mit seinem Glas, dem Wollkorb, der Zeitschrift, jeder legte im Vorübergehen sein Kissen unters Vordach.

Aber wer würde dann ein entflogenes Brahmahuhn einfangen, ein Postpaket für Kupferschmid entgegennehmen, die Wäsche ins Trokkene bringen?

Noch fehlte dem Chalet ein Wintergarten. Tina wollte die Petit-fours in einem Glaspavillon einnehmen, von allen Seiten angeleuchtet, ein Beispiel für kultiviertes Speisen, aufrecht am Tisch, die Ellbogen am Körper, die Handgelenke über dem Tischrand in der Schwebe, während das Messer das Fleisch in mundgerechte Stücke schneidet und die Satinlippen die Bissen behutsam von der Gabel ziehen.

Die Palme hat dem Fräulein nicht genügt.

Und der Keramiker, einen Fuß in den Tropen, einen auf dem Anlasser der Moto Guzzi, den dritten im Begriff, ein auf Sand gebautes Haus zu betreten, macht neue Pläne, und eine neue Prospektflut rollt an.

Der «Sterbende Schwan» zehrte an den Kräften der Ballerina. Sie kehrte jeden Abend erschöpft und mit blutenden Zehen zum Steinsammler zurück.

Er trug seine Taube auf den Armen die Treppe hinauf, als bringe er dem Bild seiner Ahnfrau ein Opfer dar.

Kupferschmid verbrachte die Nächte allein. Seine Katze war bei ihm. Und die Souvenirs auf dem Kamin. Im Park klagte ein Käuzchen. Sein Ruf drang nicht ans Ohr des Keramikers. Er lebte in einem Traum. Hat sich eine schlafende Liebste mit Pippo im rechten und Peppo im linken Arm erschaffen. Oder eine Sekretärin, die Überstunden macht für den Chef, Herztropfen mit der Pipette in ein Glas zählt, Briefe spätnachts zum Postkasten trägt, von einem Kerl überfallen wird.

Kupferschmid fuhr in die Nacht hinaus. Der Lärm der Moto Guzzi verlor sich bei der Tankstelle auf dem Weg in die Stadt.

In der Frühe taumelte Kupferschmid zum Sitzplatz. Eine Zugschnur entriegelt dort eine Klappe am Hühnerhaus. Die Hühner, Tauben, Fasane und der Pfau pressen sich zusammen aus der Öffnung, purzeln übereinander und rennen flügelschlagend in die Wiese.

Wochen des Schweigens.

Es fiel Kupferschmid schwer, Tina zu glauben. Die Ballettmusik in der Steinsammlervilla und die Ähnlichkeit mit der Marmorgöttin beschäftigten ihn.

Der Countdown hatte begonnen.

Zugvögel sammelten sich. Die Nachbarn verließen den Tropengarten. Mit Hüllen aus Stroh mußte die Palme gegen den Frost geschützt werden. Die Bananenbäume wurden ausgegraben, die Kübelpflanzen und Sessel in den Keller gebracht. Der Garten erstarrte. Schnee setzte sich in die Kerben des Balkons. Die Flocken schwebten in Fetzen aus dem Himmelsgrau. Im

Schneetreiben tauchte eine Erscheinung im Pelz vor dem Chalet auf.

Der Keramiker hat die Elevin in ihrer kostbaren Hülle angestarrt, berichtet die Dicke.

Ich bin gekommen, habe die Kleine gesagt.

Er habe sich nicht gerührt.

Ich hasse mich, daß ich kommen muß, habe Tina erklärt.

Sie habe sich an Kupferschmids Schulter gelehnt. Er habe sie nicht berührt. Die Arme hingen schlaff an ihm herab. Sie hob ihr Gesicht und atmete an seinem Hals.

Ihr Hauch habe ihn wehrlos gemacht. Er habe die Arme um sie gelegt. Sie beinah erdrückt.

Im Frühling kehrten Zugvögel und Nachbarn in den Garten zurück.

Die Pracht des Sitzplatzes währt einen Sommer lang, oder währt, bis ein Sturm Kupferschmids grünes Flechtwerk zerfetzt und die vier aus einer zerrissenen, zerschlissenen Kulisse dem Herbst und dem Rückzug in die eigenen vier Wände entgegenblicken.

Die Baubewilligung für den Wintergarten war erteilt. Mit dem Fundament konnte begonnen werden.

Kupferschmid war ja immer mit der Vervollkommnung seines Besitzes beschäftigt. Kaum waren die Mokkatassen trocken, nahm er die Schaufel zur Hand. Nach dem Ausheben und Betonieren des Fundaments verschraubte er die Stahlkonstruktion. Dann montierte er die Scheiben. In den Sommerferien wollte er die dreieckige Badewanne an der Glaswand zum Wintergarten installieren und seine Geliebte darin baden sehen.

Jeder Schritt dieses Menschen war voraussehbar. Für ihn wickelte sich das Leben nach einem Plan ab. Man wird erwachsen, heiratet, bekommt Kinder und altert. Und auch der Tod hat seine Ordnung. Man verliert die Kraft, die Lebensfreude, entfremdet sich den Jungen, stirbt, macht Platz für die nächste Generation. Alles hat seine Folgerichtigkeit.

Selbst ein Tag wie dieser, da die Nachbarn seine Pläne mit ihrer Mitteilung durchkreuzen.

Sie hat dich verlassen, Anatol.

Die Fertigstellung des Tropenparadieses hat keine Eile mehr. Er wird von nun an allein im erleuchteten Wintergarten vor seinem handbemalten Porzellanservice sitzen.

Vielleicht halten die vier Personen einen Spielkartenfächer vors Gesicht. Das Spielen gehört zu ihren Tagen, das Fernsehen, der Blick in erleuchtete Fenster.

Es sind fröhliche Kartenspieler. In der Erregung treten sie auf das Wollknäuel, schmettern die Trümpfe auf den Tisch, und Gwerders Faust läßt eine Blutspur zurück. Am Boden wickelt das Knäuel seinen Wollfaden ab. Wird wieder getreten, rollt um Tischbeine und Füße und verstrickt die Kartenspieler.

Dankbar, daß die vier sich eines Abends nicht mehr voneinander befreien können, unlösbar mit ihrem Platz verbunden sind. Dieses Swiss-Chalet zieren. Fotografiert werden. Als Bild auf Schokoladepackungen und Musikdosen die Menschen aller Rassen erfreuen. Bis es keine Menschen mehr gibt, die ihre Schutzmaske vom Gesicht nehmen, um Schweizer Schokolade zu essen und Ländlermusik zu hören. Und die «Fröhlichen Kartenspieler vor dem Holzhaus» nur noch im Original zu besichtigen sind. Am Schattenhang mit dem zeitgeschalteten Gartenlicht aufflammen, aufrecht unter einem Palmgerippe, die gespreizte Hand vor dem Schädel, und nach Ablauf der Zeit in der Dunkelheit verschwinden.

Kupferschmid bleibt nicht einmal die Erinnerung an die Staubfahne, in der Tina verschwunden ist.

Sie ließ nichts als das Achat-Ei aus dem Fundus ihres Liebhabers zurück.

Sie hat sein Leben zur falschen Zeit betreten.

Sie hat unser aller Leben zur falschen Zeit betreten. Anatol hat für sie nie viel gezählt. Nicht soviel wie ihre Hunde. Für sie hat jeder Mann weniger als ein Hund gezählt.

Wir begrüßen den Auszug der Kleinen, werden die Nachbarn zu Kupferschmid sagen. Jeder einzelne von uns. Eine Steinfigur, die man von ihrem Standplatz am Teich an eine andere Stelle versetzt, hinterläßt einen Abdruck. Die Kleine nicht. Niemand trauert. Am wenigsten die Frauen.

Man könne jetzt vergessen. Anfangen bei Null. Es zumindest versuchen.

Auch für Kupferschmid setzt sich die Zeit nun aus Gutwettertagen, Schlechtwettertagen, Carfahrten, Heimkino und Fernsehprogrammen zusammen. Man wird miteinander alt, ohne Leidenschaften, ohne Aufregungen. Bis man uns in einen Sarg bettet und unter Plastikkränzen begräbt.

Ein Lied, ein paar Tränen. Das Gesicht noch naß, reißen die Erben dieses Chalet samt Sitzplatz ab. Bauen etwas Neues, Besseres, Schöneres.

Sie erzählen vom verlassenen Steinsammler.

Das Haus ist jetzt so leer, wie es ein verlassenes Gemäuer nur sein kann. Bebend vom Schlag der zugeschmetterten Tür, hallend von Selbstgesprächen, von den Tritten seines Bewohners wund.

Er schlägt den Staub aus den Gedichtbänden und mottet die Ahnengewänder ein, um sich einer anderen, einer neuen Beschäftigung zuzuwenden. Doch die Staubzeichnungen auf den Möbeln erinnern ihn an die verlorenen Schmucksteinfiguren. Er denkt an die Tage, die vor ihm liegen, deren Gleichförmigkeit nur von den Beunruhigungen des Augenblicks unterbrochen werden, diese Tage inmitten einer Sammlung von Nichts.

Auf dem Palmenplatz wird das Leben erklärt.

Wie es in Wahrheit ist. Daß alles andere ein Traum ist. Ein wenig Zamba Ramba und farbiger Rauch.

Die vier haben einen langen Nachmittag, um ihre Sätze zu üben und die Gefühlsklaviatur für die Comédie humaine geschmeidig zu halten.

Bald wird alles gesagt, der Keramiker vernichtet sein. Und die Nachbarn können den Sitzplatz verlassen.

Das zeitgeschaltete Licht geht an. Die Lampen leuchten von unten in den Palmbüschel hinein. Am Morgen tauchen die Sessel aus dem Frühnebel auf, werden heller, glänzen. Und die Nachbarn, als hätten sie nur auf diesen Moment gewartet, betreten den Sitzplatz, greifen zum Inselgetränk, zum Notizblock, zur Zeitschrift, zur Strickarbeit. Erzählen ihre unwahrscheinlichen Geschichten, eingeschlossen unter der Glocke aus trübem Glas.

Der Dunst verdichtet sich.

Zuviel Wind für Freiluftballone. Kupferschmid wird die Schreckensmeldung nicht unter einem ballondurchsetzten Himmel erfahren.

Es ist nichts, wie erdacht. Der Tag gehorcht anderen, komplizierteren Regeln.

Das Aufrauschen der Palme läßt die vier in aufrechte Lage schnellen, in Beobachterposition, in eine Haltung der Wachsamkeit.

So hat Leos Blattgewand geseufzt.

Die Palme neigt sich tief über die Sessel. Der Pfau duckt sich mit wehenden Schwanzfedern in die Rasenschur. Die vier halten ihr Glas auf dem Tisch fest. Ein Fensterladen klappert, und Töpfe stürzen.

Diese seltenen und heiklen Pflanzen, die Anatol im Winter mit Strohmatten umwickelt, im Sommer ins Freie karrt, düngt, von Parasiten befreit, gießt, aufbindet, werden nun in Sekunden zerzaust und zerfleddert. Die Blätter der Bananenbäume knattern wie Plastikschwarten. Ein Windstoß wirbelt Blütensterne, Schreibpapier, Topfscherben, Wurzelballen und Plastiksäcke auf. Und die vier sitzen aufrecht und mit flatternden Kleidern in diesem Orkan, bereit, mit ein paar Sprüngen einer fallenden Palmblattrippe zu entkommen.

Die Trinkhalme fahren aus den Gläsern. Aber es ist nicht damit zu rechnen, daß der Wind mit den Trinkhalmen auch die Wartenden in ihren Sesseln in die Höhe hebt und sie im Wirbel der Blüten und Scherben davonträgt. Samt ihren Neuigkeiten, samt ihren schrecklichen Geschichten.

Die Moto Guzzi müßte zu hören sein.

Er müßte schon zurück sein, die Verwüstung seiner geschmackvoll gestalteten Welt bemerkt haben und die Nachbarn, die steilaufgerichtet inmitten der Zerstörung thronen.

Wir haben auf dich gewartet!

Was will Anatol mehr? Nachbarn, Freunde, die er schon von Ferne durchs Helmvisier seiner Ankunft entgegenblicken sieht. Sie haben auch gestern gewartet, aufrecht am Tisch, auf die Kipplehne trommelnd.

Aber gestern war nichts zu berichten. Der übliche blasse und vom Brausen der Autobahn erfüllte Tag. Heute sind ein paar Dinge zu sagen.

Tina ist gegangen. Leichten Herzens, Anatol. Danke Gott jeden Tag deines Lebens!

Mit Tina ist es so und so, Anatol.

Alles fällt ihnen ein. Jede Einzelheit.

Du wolltest eine Göttin und hast eine Frau genommen. So ist das, Nachbar. Das und das ist ein Traum. Das und das ist der Weltenlauf, du aber warst blind.

Während sie reden, wischen die Palmwedel über den Sternenhimmel. Sozusagen über den Köpfen für Klarheit sorgend. Ob Anatol zusammenbrechen wird? Ob er in unseren Gesichtern nach einem Zeichen des Widerrufs suchen wird? Weil wir unseren Spaß gehabt haben und endlich Schluß sein muß mit dem Übermut?

Es ist kein Spaß, Anatol.

Ob er uns Dummheiten macht? Den Steinsammler mit bloßen Händen? Ob er sich blindlings auf jeden Nutznießer des Tigerbodies stürzt? Der Mensch ist undurchschaubar, geben sie zu.

Kupferschmid wird sich von seinen Nachbarn die Vorgänge auf der Krete schildern lassen. Jede Einzelheit, Winzigkeit.

Das Auf- und Abgehen des Steinsammlers in Räumen, die die Nachbarn von außen gesehen, aber nie betreten haben.

Jetzt, in dieser Minute, wandert er ruhelos durch das verlassene Haus. Gestern hat die blutjunge Geliebte darin getanzt, gestern war die Welt noch in Ordnung. Heute hat sie mit Kunstfingernägeln über die Schlösser an ihrem Koffer gekratzt. Die Sammelstücke sind eins ums andere von den Simsen, Beistelltischen und aus den Vitrinen verschwunden.

Sie malen Kupferschmid diese Nachmittagsszene aus. Tinas hektische Reisevorbereitungen. Ihren Liebhaber auf dem Sofa, bewegungslos, den Seidengürtel zur Schleife gebunden, die schiefe Gesichtshälfte von der Packenden abgekehrt. Bis zur letzten Sekunde um Täuschung bemüht. In Abständen klatscht die Ledersohle der schaukelnden Schlappe gegen seine Ferse, Anatol. Erdaoben, auf dem Sofa aufgebaut, wie eine Geschenkpackung mit Seidenband, die letzte in Glanzpapier gehüllte Schmucksteinfigur, die zum Mitnehmen zu sperrig ist.

Tina wirft im Gehen einen Blick auf den Drapierten. Kehrt zurück, um ihm wenigstens die Seidenhülle über seine Arme zu ziehen. Oder kehrt nicht zurück, weil das Taxi wartet, zwängt sich mit ihrem Gepäck zur Tür hinaus und schleudert sie hinter sich mit einem Fußtritt ins Schloß.

Jetzt herrsche Stille in dem Haus. Grabesstille. Nur das Flattern des Seidenkimonos beim Aufundabgehen. Denn er ist nach der Abreise seiner Taube aufgesprungen. Marschiert durch das zerfallene Gebäude, wie ein gefangenes Tier. Seine Waden werfen den Saum hoch. Der Drachen auf seinem Rücken windet sich.

Der Verlassene durchwandert Zimmer um Zimmer, bis an das Ende des Gangs, macht eine Kehrtwendung und durchmißt die Zimmer in der anderen Richtung. Begleitet vom Schlenkern des Prostatasacks und dem Weltgericht auf seinem Rücken.

Der Fensterladen in Tinas Zimmer ist geschlossen, die Bettwäsche abgezogen, sie liegt gebündelt zum Waschen bereit.

Zertretene Pfauenfedern sind auf dem Boden verstreut.

Sein Fuß stampft auf dem Teppich auf.

Zum Lachen! Anatol, dieses Aufstampfen mit dem Pantoffel.

Das falle sogar ihm auf. Er schaut an sich herab, sein Blick fällt auf die Adernstränge am Fuß. Durch die Fensterläden fallen Lichtstreifen. Sie krümmen sich über seine Pantoffeln.

Er erkennt die Tigerung, Anatol, wird sich plötzlich seiner kostümierten Greisenfüße bewußt. Er erschrickt beim Gedanken, daß er in solcher Maskerade vor Theres und Tina Gedichte rezitiert hat.

Er lacht auf. Ha! macht er. Ein Lachen, das wie ein Aufschrei klingt. Mit zitternden Beinen läßt er sich aufs Sofa fallen, vor die leeren Vitrinen.

Die Kostüme der Ahnfrau sind ihm geblieben, Anatol. Dieses mit Hypotheken belastete Haus. Die Bäume im Park, die aufrauschen, als gehörten sie zur Dekoration einer Operettenvilla.

An anderen Abenden ist Kupferschmid pünktlich zurückgekehrt. Um diese Zeit hat sonst immer schon der Wassersprüher gewippt.

Nie kam es vor, daß der Posthalter von Wilimoos Kupferschmids Tiere versorgen mußte.

Der Nachbar hat nie Ferien gemacht. Die Verläßlichkeit in Person. Ein Gläschen Kirsch, die Piaf hat gesungen, der Heizstrahler erwärmte den Palmenplatz. Und Kupferschmid erzählte vom Süden.

Aber an der Côte d'Azur konnten die Nächte nicht seidener, das Rascheln der Palmen nicht festlicher sein. Und die Fahrt, mit dem Motorrad am Meer entlang, dürfte nicht halb so erregend gewesen sein, wie Kupferschmid sie schilderte.

An jedem anderen Abend hätte er den Windschaden bereits begutachtet und den ersten Schreck überwunden. Er wüßte, welches Bild ihn jeden Abend bei seiner Rückkehr erwarten würde.

Man hätte ihm inzwischen dies und das gesagt.

C'est la vie, Anatol.

Es ist kein Unglück geschehen. Die Welt ist nicht aus den Fugen geraten. Sie hat dich verlassen und dir ein bißchen weh getan.

Man hätte zusammen im Garten einen Platz für einen weiblichen Akt gesucht, eine lebensgroße Frau, die immer da ist, immer zufrieden und ihre stets gleich strammen Apfelbrüste zeigt.

Man hätte dem Nachbarn auf den Rücken geklopft und zum Kartenspiel übergehen können.

Man würde eine Runde spielen. Die Karten fielen auf den Tisch. Auch er würde spielen. Sich benehmen wie ein Mann. Er ist nicht der erste, den eine Frau verlassen hat. Auch andere nehmen ihre Karten auf, beobachten ihre Flugbahn, und sie notieren auf ihrer Schiefertafel eine Zahl, deren Bedeutung ihnen unklar und unwichtig ist.

Er solle ausspielen, würde man zu ihm sagen. Er solle die Karten so halten, daß sein Gegner die Farben nicht erkennt.

Seine Gefühle sind nicht neu. In jeder Sekunde wird einer verlassen, überall wird dasselbe empfunden. Und überall wird dieses Gefühl rasch vergessen. Überall schwört einer, sich nurmehr auf Daten, das Einmaleins, die Naturgesetze, gezeichnete und gegengezeichnete Schriftstücke zu verlassen.

Warum also sich über den kurzen, vergänglichen Kummer des Keramikers den Kopf zerbrechen!

Schweigend würfe jeder seine Karten auf den Tisch. Und striche sie schweigend zusammen.

Trennungen sind in Wilimoos kein Thema. Eine Scheidung jagt die andere. Ab und zu kehrt einer zur Ehefrau zurück. Er hat von ihrem Anwalt erfahren, daß das Haus einstweilen der Klägerin gehöre. Daß die Kinder, die Möbel der Klägerin gehören. Daß alle bewegliche und unbewegliche Habe der anderen Partei gehöre, diese ihn bitte, auf die gütliche Regelung, wie vorgeschlagen, einzugehen: Du: der Schuldige – ich: die Schuldlose, Alimente soundsoviel und lebenslänglich, den Hausrat hälftig, plus Errungenschaft, plus entgangene Rente, plus Ausgleich für einen bleibenden seelischen Schaden. Den Rest geteilt. Du: die Schulden. – Ich: die Guthaben.

In Wilimoos, Anatol, erschießt man sich nicht. Man unterschreibt, weint ein paar Tränen. Danach wird der verunkrautete Garten gehackt, damit die Spaziergänger diesen Quadratmetern nicht schon von weitem die Verlassenheit des Eigentümers anmerken. Oder man unterschreibt nicht, sondern stellt das Auto wieder für alle sichtbar vor die eheliche Wohnung.

Alles könnte jetzt gesagt sein, geklärt, geregelt.

Vergiß alles, Anatol! Du hast die beste Zeit des Lebens vor dir.

Man könnte sich verabschieden, nach Hause gehen und den Fernseher bedienen.

Die Fußballweltmeisterschaften werden übertragen. Man ist in Wilimoos mit dem Mediennetz der Welt verknüpft. Ist Teil einer größeren Ordnung und gehört mit dieser Ordnung einer noch größeren an.

Ein Verlassener aber meint noch lange, daß jemand durchs Haus gehe, treppauf, treppab, mit klickenden Absätzen, tappende Hundepfoten neben sich. Er vernimmt das Scheppern von Armreifen beim Durchblättern einer Zeitschrift, das Knistern von Kamm und Haar, das leise Knacken einer Hülse, die vom Lippenstift gezerrt wird, das Kollern der Perle in der geschüttelten Nagellackflasche, das Sprühen des Parfümzerstäubers, das Klicken eines Büstenhalterverschlusses.

Er hört die winzigen Geräusche und winzigen Bewegungen der geliebten Frau. Nächtelang in die Dunkelheit starrend, wartet er auf Fortsetzung der Laute, für die er sterben könnte.

Er wird zur Krete fahren.

Erdaoben wird schon warten, rufen die Nachbarn in den Wind.

Der Steinsammler warte, wie man sich denken könne.

Morgen oder übermorgen stößt der Moto Guzzi-Mann das Parktor auf. Mit langen Schritten geht er zum Teich. Er teilt das Schilf und erschrickt über die Ähnlichkeit der Marmorfrau. Seine Hand um die steinerne Brust, sucht er eine Erklärung, damit er zu den Spukgestalten auf seinem Sitzplatz zurückkehren, diesen namenlosen Ort ertragen kann. Damit er Tag um Tag, Jahr um Jahr ein Leben am Ende von Nirgendwo erträgt. Damit er die Piaf und ihr «Non, je ne regrette rien» in die Nacht schmettern lassen kann.

Erdaoben legt Ballettmusik auf.

Kupferschmid wird den Kopf von der Marmorschulter heben. Auffahren wird er, wie dies sein Peiniger erwartet. Die Vorhänge am Bogenfenster bewegen sich. Kupferschmid stürzt zum Portal und klingelt Sturm. Niemand öffnet. Der Peiniger spielt das Lachen der Göttin vom Band. Kupferschmid hetzt zur Terrasse, klopft an die Scheiben, versucht, an den Säulen zum Balkon hinaufzuklettern. Der Stein ist zu glatt. Er schreit Tinas Namen, rennt um das Gebäude und findet den Bändel des Ballettschuhs, der als Köder ausgelegt worden ist. Er wirft sich gegen die Eingangstür. Rammt das Eichenholz mit der Schulter, wieder und wieder.

Kupferschmid wird den Verstand verlieren. Erdaoben treibt seinen Nebenbuhler in den Wahnsinn. Erbarmungslos, wie man sich denken könne.

Wenn Kupferschmid in die Knie bricht und am Eichenportal zu Boden gleitet, wird die Marmorne ihre Schilfdeckung verlassen. Sie zieht den Pfeil aus dem Lederrücken ihres Opfers. Lächelnd steigt sie in ihrem Gewand darüber weg. Der Steinsammler öffnet ihr die Türe. Komm, sagt er, mit der kreidigen Stimme des Wolfs. Und sie kommt. Sie nimmt einen langen Schritt über seine Schwelle hinweg.

Das Gepäck ist bereit. Sie hat nichts vergessen.

Gezwitscher dringt durch die offene Tür. Die Vögel sitzen auf ihren Farnwippen, ihren Mooskieseln, ihrem Wasserstein, bis ein Auto sie ins Parkgewölk scheucht und die Luft zu einem Block aus grünem Glas erstarrt.

Das Taxi wartet.

Sie wird nicht anrufen, hat alles gesagt. Der Jadebrocken hat ihr in keinem Augenblick Eindruck gemacht. Sie kennt mich besser. Ist nicht überrascht von der Ruhe eines Menschen, für den alle Tumulte vorüber sind, der für Winzigkeiten lebt, die verborgenen, unfassbaren und unerschöpflichen Möglichkeiten in einem Stein.

Sie zögert.

Will sie zurückkehren? Will sie zurückgehalten werden?

Ich bin nicht dein Geschöpf, trotzt sie auf.

Du bist frei.

Ich schließe und öffne die Augen. Ich weiß, dies erinnert sie an das Nicken einer Mumie. Sie vergleicht mich mit einer Mumie. Ich knipse die Lampen an. Das volle Licht. Richte den hellen Kegel auf mein zerbrochenes Gesicht, leuchte das Werk der Jahre aus. Ich kann den Meißel ihrer Augen spüren. Das Bild dieses unmöglichen Liebhabers schiebt sich über alle anderen Bilder. Es erleichtert ihr das Gehen.

Das Portal fällt ins Schloß. Sie stürzt noch einmal herein und reißt den Jadebrocken, dieses allerletzte Stück von Wert, aus meiner Hand. Sie wird den Stein verkaufen. Ein anderer wird ihn ins Licht drehen, und er wird ein anderes Bild darin verborgen sehen.

Von der Glühlampe blind, sehe ich die Gehende ohne Farbe. Sie steht im offenen Portal, das Kleid um ihre Hüfte gerafft, die Beuteltasche über der Schulter, einen Arm zum Taschenriemen gehoben. So daß ich einen Augenblick meine, sie sei aus Stein. Ein Traum, von der Trostlosigkeit des Nachmittags zum Leben erweckt.

N&K

Ein persönliches Programm

Margrit Schriber
Muschelgarten

Roman. 244 Seiten
ISBN 3-312-00105-6
Die Geschichte zweier Frauen: untätig, passiv die eine, lebenstüchtig, dominierend, ihre Umgebung mit ihrer Fürsorge erstikkend, die andere. Doch zum Schluß sind sie beide Verlierer.

Margrit Schriber
Tresorschatten

Roman. 176 Seiten
ISBN 3-312-00126-9
«Wie ein seelisches Gefängnis wirkt die in „Tresorschatten" entworfene Welt, in der die Frauen und die Männer so sehr unter ihrer festgefahrenen Rolle leiden, wie sie in ihr aufgehen. Margrit Schriber bringt es fertig, zarte Sätze zu Alpträumen werden zu lassen.» (Neue Zürcher Zeitung)